集人文社科之思　刊专业学术之声

集 刊 名：社会政策评论

主　　办：中国社会科学院
　　　　　社会政策研究中心

主　　编：王春光　赵德余

执行主编：张文博　王　晶

SOCIAL POLICY REVIEW VOL.8

本辑学术委员会

杨　团（中国社会科学院）　　　　岳经纶（中山大学）

韩克庆（中国社会科学院）　　　　田毅鹏（吉林大学）

熊跃根（北京大学）　　　　　　　林闽钢（南京大学）

关信平（南开大学）　　　　　　　向德平（华中科技大学）

林　卡（浙江大学）

编委会主任：王春光

编委会成员

赵德余（复旦大学）　　　　　　　蒋国河（江西财经大学）

房莉杰（中国人民大学）　　　　　杨　楠（辽宁大学）

张　强（北京师范大学）　　　　　李君甫（北京工业大学）

黄晓春（上海大学）　　　　　　　周林刚（深圳大学）

黄晨熹（华东师范大学）　　　　　胡建国（北京工业大学）

汪　华（华东理工大学）　　　　　江　维（成都市委社会工作部）

李棉管（中山大学）　　　　　　　刘　飞（成都市爱有戏社区发展中心）

陈永杰（中山大学）　　　　　　　王　晶（中国社会科学院）

贾玉娇（吉林大学）　　　　　　　梁　晨（中国社会科学院）

王　卓（四川大学）　　　　　　　张文博（中国社会科学院）

2025年第1辑　总第8辑

集刊序列号：PIJ-2007-013

集刊主页：www.jikan.com.cn/社会政策评论

集刊投约稿平台：www.iedol.cn

SOCIAL POLICY
REVIEW **VOL.8**

社会政策评论

数字化转型与福利服务供给

2025年第1辑

（总第8辑）

王春光　赵德余／主　编
张文博　王晶／执行主编

中国社会科学院
社会政策研究中心／主办

社会科学文献出版社
SOCIAL SCIENCES ACADEMIC PRESS (CHINA)

社会政策评论

总第 8 辑
2025 年 5 月出版

如何理解社会政策的历史质与时间性？

——一个历史社会学的视角*

熊跃根**

摘　要：半个多世纪前，赖特·米尔斯在阐述"社会学的想象力"时，曾对居于支配地位的宏观社会学忽视对历史的运用和过于侧重宏大叙事进行了严肃的批评。近年来，中国学术界对社会学的历史转向或历史维度的关注显著增加。然而，如何理解社会政策过程中的历史要素，如何认识时间性对社会政策过程的重要性，依然是悬而未决的问题。本文试图从法国社会学家阿兰·图海纳的"历史质"概念出发，结合美国社会学家安德鲁·阿伯特等有关"时间性"概念的讨论，阐述下列问题。第一，作为一种解决社会问题的干预活动，社会政策的内核是一种基于民生的政治活动，其本质是以政府为主体的行动者对社会问题的干预。第二，在社会政策过程中，蕴含这一过程的"历史质"，是在一个变化的社会结构与情境条件下，行动主体参与和发挥能动性的状态与能力；而"时间性"则是社会政策过程本身的一种附着属性，是确立行动者与结构的核心要素，它奠定了时间中的社会政治的基础及其发展轨迹。第三，从"历史质－时间性"的维度探究中国社会政策的传统与流变。四十多年来的社会政策发展，彰显了政策干预作为一种历史体制的国家实践所具有的稳定性与变化性。

关键词：社会政策；历史质；时间性；历史社会学

一　研究问题的提出

在人类社会中，长久以来，回应个人与群体/集体关系的道德和政治

---

*　本文作者曾在不同形式的学术场合中与诸多学者展开了与主题相关的讨论，得到不少同仁的帮助与支持，在此一并表示感谢。

**　作者简介：熊跃根，北京大学中国社会与发展研究中心研究员，北京大学社会学系教授，研究方向为社会政策、福利制度比较、社会工作理论。

学说的论辩，是规范社会科学与应用社会科学分野的核心标志。作为应用社会学的一个学科分支，社会政策始终要面对的一个核心理论问题是如何处理道德正当性（morality of justification）与人类能动性（human agency）的矛盾。20世纪伟大的社会理论家卡尔·波兰尼在《巨变：当代政治与经济的起源》一书中雄辩地指出，在资本主义生产体制范畴里，任由国家按照自身的法则行使权力，必将破坏社会的属性，从而威胁人类社会赖以存在的伦理基础。他提出，预设国家/政府（对市场）具有无所不能的调节与干预能力是一种虚假的想象，各阶层各自争取必要的（社会）保护政策，是集体主义利益诉求的一种不可避免的实践（波兰尼，2017：141～158）。

随着现代性自身的发展，在当代各民族国家解决社会问题和调节社会关系的进程中，社会政策是一种核心手段。与其他当代社会科学分支一样，社会政策的学科与实践起源于民族国家对资本主义工业化社会后果的应对（Skocpol & Rueschemeyer, 1996：3）。研究者指出，在当代发达国家，无论是哪一种福利体制，政府针对社会问题的社会政策应对都与社会环境尤其是当下的舆情息息相关（Brooks & Manza, 2006）。公共政策既反映社会诉求，也折射出政治的光谱与历史的积淀。正如经济学家道格拉斯·诺斯曾指出的那样，很长一段时间里，在规范的经济科学模型中，时间被视作某一刻，时间对经济过程的影响被忽视了；而对政治科学来说，不重视时间的作用是可怕的，因为它是观念、制度和信念演变的界限（North, 1999：316）。在论述历史与社会科学二者关系的问题上，法国年鉴学派代表人物布罗代尔曾著文指出，人文社会科学对"历史"因素的忽视，经常是因为学者对跨学科学术探究的不知疲倦的热忱，但是就一个专业领域的学术研究而言，真正做到跨域就会遭遇类似一币多面扭曲历史的难题（Braudel & Wallerstein, 2009）。对社会科学家来说，理解历史与社会现实二者关系的一个重要维度，按照布罗代尔等人的看法，就是通过从"长时段"（the Longue Durée）历史进程及可见事实出发来理解，今天与过去的联结并不是偶然的，而是一种历史发展"连续性"的呈现（Braudel & Wallerstein, 2009）。按照历史社会学家的话说，时间秩序和机制在变迁过程中的漫长变化是极其关键的，而社会则是一种历史的产物（阿伯特，2022：279~280；休厄尔，2021：308~315）。社会政策是人类政治活动的主要内容之一，也是特定时间内以政府为主的组织机构干预社会问题或回应社会需要的一种行动。

　　作为一种政府主导的社会行动，社会政策在不同时期具有自身的时间性（temporality），它包含变化性与绵延性两方面。在组织生态学的视角下，社会政策被理解为一种在时间脉络里干预行动与环境的互动。尤其是，在历史制度主义者看来，（政府主导的）社会政策过程经常呈现一种"自我强化"的路径依赖机制。作为历史社会学家，安德鲁·阿伯特非常强调在社会科学研究中对语境的重视，而这种语境同时又是一种特定的时空关系的体现（Abbott，1997）。世间万物，千变万化。但是，无论事物如何变化，都有时间印记。在人类社会里，无论国家和个人的力量如何，个人的行为都与特定的时间要素紧密关联。在国家/政府和人们的社会生活中，无论权力如何运作，政策如何实施，时间既是一种行为的刻度，也是一种权力的界限。从这个意义上说，组织和个人的行为动机不仅要考虑到特定时间下决策所具备的基本条件，还应考虑到过去的经验对成本-收益的意义，这就是贯穿经济学、政治学甚至社会政策过程分析的路径依赖理论的核心要旨。在过去半个多世纪里，政策科学发展出来一系列复杂而多元的理论模型和分析方法，但是就政策研究的实质而言，无外乎是对人和组织行为及其后果的分析。与此同时，对上述行为及后果的分析，必须在给定的时间或情境下进行。而社会政策的时间性意味着，无论收入回报的高低，社会政策作为一种行动选择，都有着极其鲜明的时间色彩。政治时间是行动主体的意志介入过程，而绵延的后果是，社会实在并不会随着行动主体的意志发生改变。理解社会政策的时间性，就是将当下与过程机制结合起来，分析其长期的变化机制与后果。社会政策过程是在特定时间（timing）与情境（context）下国家规制和形塑社会（the social）的过程，决策者势必考虑过去、当下与未来的关系。就像美国社会学家赖特·米尔斯所言，社会政策关注的问题本质上与社会科学的核心问题是一致的：个体的生活历程、历史和社会问题（米尔斯，2016：179~191）。无论是在发达国家还是在发展中国家，社会政策本质上都是有关福利的政治学。换句话说，它是国家或者政府如何回应社会福利诉求的一种政治安排。一个国家的经济与社会发展趋势表明，经济繁荣或衰退是周期性的，而国家财政能力下降或政治变化带来的再分配政策调整，可以被视作在时间框架下实施"紧缩"的一种政策实践（Hall，2015）。

本文要探讨的主要问题是：第一，在社会政策决策与实施过程中，历史质与时间性的意涵和具体表现形式是什么？第二，在中国社会政策的具体实践领域，历史质与时间性的内在关系如何体现？第三，在历史质-时间性的二维分析框架里，如何认识中国社会政策过程中决策者个人权力的社会来源与社会权力的制度来源？

总之，本文试图理解一个核心问题：为什么历史质与时间性对于理解社会政策过程至关重要？基于相关社会理论中有关历史质与时间性的讨论，笔者试图将二者结合起来，建立一个分析框架，用于解释和分析中国社会政策的发展与变迁过程。

二 历史质与社会政策过程的关系

人类政治过程或者现代政府的政治过程一直受制于不确定性带来的影响，而政府制定和实施的公共政策经常成为改变社会现状和促进社会变迁的一种动力。作为一种有关公民福祉的社会行动，社会政策经常被自然地视为一种国家或政府当下谋求改良社会现实的行动，而且绝大多数的政策研究也是在当下开展的某种截面性的经验研究。然而，法国社会学家阿兰·图海纳提出，人类的集体行动所实现的重要成果就是在历史进程中所沉淀下来的正当性原则，这就是"历史质"（图海纳，2008：18～19）。换句话说，历史质是历史能动性在社会关系与社会生活中的具体体现，也是社会运动的一种实践形式。

（一）图海纳对历史质的界定和解释

与历史学家的看法不同，图海纳在其代表作《行动者的归来》一书中几乎一开始就将历史质引入社会学的分析视界，他在书中指出："在此我只想表示，我将以历史质、社会运动和主体等观念，取代以往的社会、进化和角色等核心概念，从而建立对社会生活的另一种体现。"（图海纳，2008：5）在此基础上，图海纳给出了历史质的界定。

> 对历史质的观照，只有在它经历某种深刻转化之后，才有助于我们回答这些问题；历史质在此指的是一个社会通过各种冲突和社会运动，由各文化模式建构其实践的能力。在那些被各种社会和文化再生产机制支配的"传统的"社会中，对历史质的诉求压倒一切；这种诉求以所有"进步的"革命和解放运动的精神，促使行动者挣脱各种束缚而转变为他们自己社会的生产者。（图海纳，2008：6）

不同于一般意义上将历史质理解为一种客观现象，图海纳在这里将历史质指涉为一种"能力"。同时，按照图海纳的解释，这种能力并非指作为个体或人类群体的一般能力，而是指一个社会经由社会变迁与社会运动洗礼后，再经过文化模式浸泡和沉淀发展起来的一种实践能力。从这个意义上看，对社会的理解就不能只是讨论抽象的行动者与结构，而是需要将构成社会变迁各种动态变化的力量来源与广泛存在的进步主体（人与组织）紧密联系起来。在经典社会学的范式里，人或个体是被当作一种抽象的社会事实来加以研究的，而图海纳意在将具有主体意义的人带回"社会分析"中。尤其是，宏观社会学注重社会结构与制度的解释和分析，侧重于秩序、功能、运行与整合等抽象维度，忽视了极具动态变化的行动者和由其引发的社会生活。对此，图海纳创建了行动社会学说，意图是通过与帕森斯"社会行动理论"的对话，借助后工业社会里新的社会生活与行动主体，来超越传统社会学对工业社会的抽象分析。

图海纳进一步指出，人类发展的进步在某种程度上就是人类经过斗争所取得的成就，因此历史质本身也分不同的层次。具体来说就是，人类改变自身命运的社会行动所取得的各种成就，按照文化价值来分类，就是历史质的层次。同时，一个达到历史质最高层次的社会，是根据各种行动和关系而非绝对的权力或意志来界定人类行为的（图海纳，2008：18~19）。由于社会生活是人类赖以存在的基础，同时又是行动者主体参与或投入其中的具体社会图景，按照图海纳的说法，社会生活首先是依靠行动者主体对自身实施的自我生产和自我转化的行动来界定的，它并非一种嵌入社会之中的稳固的价值，而是一种广义的投入和由其产生的各种社会关系及其变化，其中包括冲突与整合（图海纳，2008：23）。在社会学的古典视野里，社会既是一个抽象又是一个被研究的社会实在，但无论如何，按照图海纳的看法，行动者的缺失和社会生活的弱化导致这一学科或领域不断朝着简约化和制度化方向发展。因此，图海纳试图通过倡导"行动者的回归"重建社会的主体性，通过认识阶级关系与斗争的场域，革新旧有的社会学范式。

按照图海纳的解释，历史质是社会生活的根本成分之一，既是一种文化模式，也是社会冲突的关键。在这里，图海纳要强调的是历史质自身在理念和行动上的影响力，尤其是其通过功能性的社会行动改变社会不平等关系，这在反资本主义的阶级抗争里发挥了核心的主体作用。

> 社会生活中三个根本成分是：主体——作为组织化实践的延伸（distanciation），也作为意识；历史质——作为一套文化的（认知的、经济的与伦理的）模式，也作为主要社会冲突的关键；各种社会运动——作为那些争取为这些文化取向赋予某种社会形式的群体。（图海纳，2008：62）

图海纳的行动社会学对能动性的强调，使他在规范理论对社会结构分析上与帕森斯有显著的差异，后者关注的是系统内部与系统之间的功能及其整合，而图海纳更关注在一个特定结构中主体的参与和能动性对社会变迁的作用，也就是他不断强调的历史质问题。在图海纳看来，冲突而非一致性，是社会变迁与发展的一种常规状态，也是历史质的一种社会形式（图海纳，2008：86~87）。正如图海纳自己一再重申的那样，他凸显行动社会学中历史质的重要性，并不是要否定经典理论中的既有概念，而是通过新的概念工具重新认识社会实在；只是，在这里，社会关系与社会运动对社会实体的影响更具动态性，因为社会运动显然在诸多层面上影响了既有的制度和结构。在图海纳看来，历史质的生产出现于生活领域，其基础是各种类型的社会冲突，而行动者的主体性也正是在社会系统整合的过程中不断呈现出来的。说到底，社会阶层之间的利益矛盾与冲突是促使一个社会的文化模式发生变化的主要力量。基于此，历史质的能动性在于社会阶层如何对社会变迁与社会运动保持敏感性与反应力（图海纳，2008：33~41）。与此同时，图海纳也强调指出，历史质的再生产是一种竞争的结果。在不同的社会形态里，观念、社会自我修复与发展能力及系统整合能力等，决定了它与国家体制之间存在的紧密联系。从这个角度来说，历史质作为一种社会发展的动力，对权力关系模式的变化与发展也有显著的影响力。理解新时代社会冲突的本源，并发展出控制及协调这种冲突的能力，正是历史质由历史经验重返现实舞台的主体性呈现（图海纳，2008：70~84）。因此，认识历史质与社会政策过程之间的联系，尤其是从历史质的角度去探讨社会政策过程，无疑具有积极的理论与现实意义。

（二）历史质对理解社会政策过程的意义

众所周知，作为一种公共行政与现代政府干预社会问题的实践，社会政策是在 19 世纪工业革命与资本主义生产体制的基础上发展起来的，其本质是通过集体主义的方式重新塑造社会关系，试图清除资本-市场对底层社会（无产阶级）的身份-权利的双重剥夺。图海纳（2008）指出，历史质是社会现象（或社会行动）在漫长历史进程中文化发挥作用的结果，也是社会统合在历史进程中自身发挥作用的产物。换句话说，作为一种客观的社会现象，社会政策既是当下的实在，也是历史进程的产物。从这个意义上说，它是具有历史质的。18 世纪以来开始的工业化进程以及现代市场经济的发展，充分说明人类历史发展进程中创新的观念、意识形态与变革的技术等制度变迁的重要作用，它们也是国家繁荣的重要基础（莫克尔，2020：554~558；Acemoglu & Robinson，2012：300-302）。作为一种在特定意识形态指导下的人类集体行动，社会政策是民族国家政治范畴内的历史发展结果，它的历史质主要表现在以下三方面：第一，强烈的反个人主义色彩，强调积极社会变迁的重要性；第二，倡导变革的社会运动是推动社会变迁的关键力量；第三，国家责任的恰适性是平衡市民社会与全能国家两种体制的核心。在社会政策实践过程中，历史质同时受到这一过程的多元行动主体（国家/政府、市民社会、社区、个人）、社会关系的复杂性（支配与抵抗）以及行动者的反思性的影响。同时，社会政策作为一种有计划的社会变迁，也是在历史进程中不断演化的结果。在成熟的工业社会里，社会政策最初是为了应对工业社会的社会问题而产生的，是一种反个人主义的集体行动方案和一个行动过程。在工业化与现代化进程中，为了更好地实施这一社会工程，发达国家通过构建福利国家（或国家福利体制）制定系统的制度和行动方案，以应对不断变化的社会问题，包括人口老龄化、规模性的人口迁移与流动、低生育率和失衡的城乡发展结果等。由于人类实践历史质自身的延续和影响，社会政策所形塑的福利国家或国家福利制度逐步演变成一种历史性体制，在特定时期它将面临诸多挑战：第一，福利体制的僵化与科层管理组织的惰性；第二，社会结构变化的不可逆性（如人口结构）；第三，性别的社会分工模糊化；第四，移动通信技术和人工智能（如 ChatGPT、Deepseek）的应用导致新社会运动的兴起。基于此，传统的福利体制难以应对变化不断的社会情境，社会政策的历史质正呼唤集体行动主体性的回归，其核心是作为行动主体的人及其相互关系，如何在权利与责任之间实现必要的平衡，同时在国家政治议程中彰显社会政策过程的合法性与效率。在传统的工业社会里，政府可以通过凯恩斯主义的宏观干预政策实现福利国家充分就业的目标，并按照男性就业者模式构建一套再分配体制和家庭照顾模式。然而，伴随工业化进程的推进、高等教育的发展，以及经济发展本身带来的社会变迁，以性别分工为前提的劳动力市场和家庭照顾体制开始发生转向，女性的受教育程度和劳动参与率大幅度提高，改变了女性作为照顾者的家庭照顾体制，也改变了传统福利国家体制单一性别的政策设计思路。

在现代国家，社会政策实践过程是在既有的制度基础上运行的一种干预社会问题的机制，是政府实施的社会计划在特定时间发挥作用的一个过程，其历史质表现为，在一个变化的社会结构与情境条件下，社会政策实践过程的行动主体发挥能动性的状态和能力。同时，历史质还是实践经验与行动者主体自我意识的结合，并在与特定社会结构产生互动的过程中，处理过去与未来的行动策略之间的张力，形成适应当下的一种理性行动选择。针对新变革时代的社会图景，社会科学研究者要敏锐地认识到当今社会的构成与社会行动的表现形式所发生的重大变化。总结起来，笔者认为下述三方面的变化是十分显著的。第一，后工业社会的新型社会冲突（打破传统的资本-劳动二元分类）包含更丰富的形式，其特征及所产生的影响往往是非预期的；第二，当下不同群体的需要满足与权利诉求的新型政治表达方式与扩散机制发生了很大的变化，尤其是自媒体和移动通信工具对信息的传播扩散产生了放大与叠加效应，并在很大程度上形成了社会舆情的暗流；第三，在一个传统与现代交织的社会里，时代变迁使秩序与社会关系的重要性更加凸显，它不仅影响个体的生存与选择机会，还影响组织内部与群体之间的关系模式，这些对社会政策的选择与实践干预会产生不同的影响。

历史质对理解社会政策过程的重要性还在于，我们如何看待作为集体行动的社会运动，在特定情境下对行动主体（人与组织）应对社会冲突时所具有的认知与态度，以及回应社会问题所采取的策略。因为否定上述认知、态度及策略（或能力）与曾经的历史过程之间的联系不仅是目光短浅的，而且是危险的。同时，认识社会反向运动对个体或群体参与社会实践的方式与范围也同等重要。按照图海纳的看法，社会学的社会介入方法，宗旨在于通过践行道义的力量来维系社会既有的秩序，保持社会自身的创造能力，对国家无所不在的程式控制及其后果保持敏锐（图海纳，2008：132~134）。从这个意义上说，认识历史质与社会政策之间联系的重要性还在于，作为社会变迁的重要主体力量，社会科学家的任务之一就是通过有效的公民教育与广泛的社会参与来阻止基于社会团结的社会溃败，避免过度的极端干预破坏社会关系的文化土壤。作为一项促进社会发展和满足不同阶层利益的制度化措施，社会政策是一个有关价值、文化、资源和技术的过程，进而实现一种自主式的、符合文化特性的现代化目标。对政策决策者而言，重要的是认识到代表历史质的并非自身的利益，而是促进社会平等发展的内在动力。在一个转型不断加快的时代里，历史质变化的形式与当代社会变迁的进程紧密相连，国家在发展进程中面对复杂的社会系统，应当避免将自身视为一种塑造历史变迁的自发和主导力量。从这个角度来看，社会科学家要深入认识社会政策过程与国家能力建构之间的内在联系，尤其是要分析哪些政策干预实践可能削弱而不是强化国家能力。在现代工业化国家，社会政策过程是国家或政府主导和社会部门积极参与的一个致力于社会变迁与进步的政治过程，也是一个形塑社会关系的制度变革过程，通过有效的社会项目运作，介入劳动与消费两个主要领域，以再分配与有效的劳动参与等形式，改变单一的以生产功能为主的商品化过程，促进社会平等，达到一种均衡的经济-社会融合状态。尽管如此，人们依然不能将所有期望诉诸国家或某个行动主体自身，广泛的社会行动及其联盟对促进社会进步是十分重要的。正如有学者曾指出的那样，在非常规的特定条件下，由于人们对权力的迷恋或对克里斯玛型领袖的忠诚，基于理性规划的决策模式很容易让渡于人格化的决策模式，这对危机状态下的公共政策决策模式产生了深远影响（Zablocki，1993）。20 世纪 30 年代美国社会学家罗伯特·默顿就曾在其发表于《美国社会学评论》上的一篇文章中指出，社会理论应充分认识到，人类设计和实施的有目的的社会行动可能导致非预期的后果（Merton，1936）。

三　重新审视社会政策过程中的时间性：
从工业主义迈向后工业主义

时间既是人类的命运，也是人类自我度量的标尺，甚至就是生活本身。在人类历史上，无数先贤和智者探究过时间的意义。即使对于今天的人类来说，时间是什么、时间如何、为什么是时间这三个问题依旧是对灵魂的拷问，需要我们认真思考。在柏拉图（2005：25~26）眼里，时间是一种永恒理念的表现形式，也是一种超越物质的和永恒的周期性运动。而亚里士多德（2011：125~128）将时间看作物质世界的一种度量，是运动和变化的结果。同时，时间是由时间和行动的连续性构成的。我们可以看到，亚里士多德的时间观具有很强的社会科学色彩或政治色彩。康德（2022：94~102）则认为，时间不是外部客观世界的属性，而是一种人的感知和理解世界的方式。在这一点上，康德的观点非常接近今天的心理-认知学派对客观事物或现象的认识，也与哲学认识中人作为主体性存在的重要性是紧密联系在一起的。如果从二分法的角度来理解人类的时间，那么可以分为主观的构建与客观的存在。前者是人自身的感觉和体验，后者是人实际的行为和存在方式的实然条件。法国直觉主义哲学家亨利·柏格森（2017：166~172）认为，人的生命价值存在时间之流中，本质上时间是与人的意识或直觉紧密联系在一起的，而且时间与空间不同，前者不可分割，是一个连续不断的过程，即"绵延"。柏格森指出，人对物质或事物的实在性的认识来源于自身的感觉或直觉，人的情绪可以直接作用于这个过程。因此，外部世界的理性存在或实在性并非独立于人自身，而是与人的情绪和感觉密不可分的。在对待时间的问题上，柏格森是反决定论者，他甚至站在了理性的对立面，是一个自由论者（free will）。他认为，时间是自我的存在形式，也是人的意识活动条件下的产物。柏格森在其著作《时间与自由意志》中指出，正是由于作为主体的人的意识作用于外部客观的实在，时间才构成了一种连续的、不间断的绵延，而固定的和可分割的是固定的空间。柏格森（2017：66~86）认为，人的认识出错的原因在于混淆了空间和时间，自我本身是不会错的。

在人文社会科学领域，历史学家和社会学家都关注时间与历史过程或社会过程的联系，但是很少关心时间的本质，甚至不太关心时间的社会理论。将时间纳入社会学的范畴，社会时间的意义就显而易见成为一个问题（亚当，2009：9~15）。在任何一种当代社会形态里，社会政策作为一种干预行动，无疑都是特定时间下的产物。因此，从这个角度来说，这里提到的时间并非一种标准时间，而是与社会政策过程的情境及特定事件紧密结合在一起。在社会政策研究和分析的传统或常规实践中，人们倾向于将时间当作一个标准的变量，而不是一个具有张力和内涵的概念。时间作为一种计量单位是标准化的，但是作为一种社会实在和社会生活的构成向度，具有内容的多重性和表现形式的异质性。现代社会的一个重要事件是工业化或产业化的发展进程，它不仅深刻影响了人类的物质生活条件，也深刻影响了人类的社会关系。因此，任务目标导向的时间成为商品化的时间，对资本主义社会当中的阶级关系产生了深远影响。它不仅重塑了经济生活，也深刻地影响了企业这种组织当中的社会生活和治理方式。在工业化社会里，社会政策作为一种社会行动，其中一个重要的功能是处理公私领域之间的权利配置关系。例如，作为社会政策的一个重要领域，家庭政策的作用就是促使家庭或个人合理配置私人时间，使照顾儿童或老年人的事务可以得到合理的安排，继而促进家庭关系的和谐发展。政府出台家庭政策，目的是处理好成人与儿童子女之间的关系。因此，在福利国家内部，私人时间或闲暇时间的配置与公民的福利紧密关联在一起。也就是说，这种社会政策的指向是处理好工作时间与私人闲暇时间之间的关系。因此，它在很大程度上使政策的导向具有明显的去商品化性质。

人与社会构成的关系是在时间的向度中完成的，因此，时间本质上是社会生活。时间-事件作为分析社会的维度和标杆，可以将二者的关系分为两类：一类是事件中的时间，另一类是时间中的事件。在此二者之间，人是分析的核心对象。就人类的社会生活而言，时间的功能多种多样，具体包括刻度或测量、定序、协调、定位、规范及建构。无论是在传统社会中还是在现代社会中，人们都是按照时间轴或时间次序来安排经济活动与社会生活的，时间变成了人类认识自然和改造自然的一种约束条件或行动原则。

（一）社会科学研究中的时间性

在人类社会，人所具有的社会属性决定了时间本质上是一种社会时间。维特根斯坦（2012：116）说过，时钟上的片刻与音乐中的片刻时间是很不同的，因此，我们可以观察人类社会生活中的时间与人对时间的感受、时间本身的向度，也是非常不同的。由于时间和生产活动的关系，时间被商品化了。人类社会对时间存在多重表达与多重度量，它不仅制造，而且控制权力关系。因此，不同的时间表达与时间类型对人类的社会生活的意义与社会规则的方式，毫无疑问都产生了重要的影响。在人类社会，社会生活中的时间性与过程及其相互关系，是社会科学尤其是社会学研究的核心问题。如何处理过去与现在的关系，如何理解过去影响现在的方式及其机制，是理论社会学和应用科学关注的核心问题。美国社会学家乔治·米德在他的著作《现在的哲学》中提出，现实就是当下的世界，世界就是由事件-时间构成的（米德，2003：3）。

作为一门社会科学，社会学研究的主要对象是社会实在或社会现象。但是长久以来，社会学研究者很容易忽视时间这一向度。同时，人们也不认为时间自身就是一种社会实在的表现形式。无论是在社会学理论还是在社会学经验研究中，时间的重要性在很长一段时间里都被忽视了。然而，20世纪90年代以来，随着历史社会学与社会学理论的发展，在社会科学研究领域特别是社会学领域，时间既是一个重要的研究变量，也是一个核心的研究对象（Abbott，1990，1991，1997，2001；Adam，1994，2004；Elias，1992）。法国20世纪最重要的社会学家之一乔治·古尔维奇指出，每个社会都有自己的时间表现形式，因此，社会时间在不同的社会里具有了特殊的表现方式和类型。他区分了八种不同类型的社会时间，这些不同类型的社会时间与特定的向度及变化息息相关（古尔维奇，2010：12～16）。对社会科学家来说，理解社会生活及其变迁的一个最显著挑战，并非理解过去或当下的意义，而是找到二者之间内在联系的机制，这也正是社会学区别于历史学的所在（Abbott，2001：209）。在社会学研究中，研究者所采用的不同方法（定量方法或定性方法）会导致对时间的不同测量，进而影响研究者在将时间作为一种变量或作为一个情境基础时，对社会过程事件之间因果关系的理解与解释（Abbott，2001：181-182）。

对社会科学研究者来说，时间性关注的不再是简单的"钟表时间"，而是具有情境性和意义的"社会时间"。它不再是一种单纯的测量，而是在社会生活或历史过程中呈现时间的自主性、次序和边界，并通过绵延性或持久性来联结过去与现在。在当代社会里，时间要素与构成及其作用方式，通过技术的媒介发生了显著改变，进而创造出新的社会与政治空间，改变了工业社会里传统的阶层关系与人际关系模式，这些无疑会对政府主导的政策干预过程（如就业政策或社会治理）产生新的影响。理解社会生活和政治过程，将时间纳入分析并作为分析的一个重要维度，对于我们理解社会构成与人类行为之间的关系至关重要。笔者试图对时间做一个简单的分类，即通过二分法、三分法及多元分类法来理解不同类型的时间与社会生活或政治过程之间存在的联系（见图 1）。其中，二分法对时间的分类是一种最为常见的类型学分析，它将时间区分为公共时间与私人时间，不仅赋予时间不同的属性，也暗示了时间所附属的空间的不同。这种二分法明确地展示了作为一种社会生活和政治过程的基本要素，时间界定了人类行为的内容和本质特征的差异，尤其是对政策这种政治活动来说，时间所产生的影响以及作用的方式是非常不同的。三分法的时间分类则将时间按照作用场域或特性分为政治时间、经济时间和社会时间。这种分类进一步明确了时间与社会行动二者之间的关联，也有助于研究者理解时间作为一种重要的研究变量和基本属性，以深入解释人类社会生活和政治过程的重要性。而在时间的多元分类中，笔者将时间进一步细分为瞬间、间隔/空隙、时间节点、区间和周期，这是按照时间自身的持久性长短来作分类，同时也将这种时间的细化当作理解时间与社会生活和政治过程的一种方式。就人的社会生活而言，时间并非一种标准化的、无特性和等量考察的刻度，不同的时间在不同的空间与情境下，可能具有完全不同的意义。

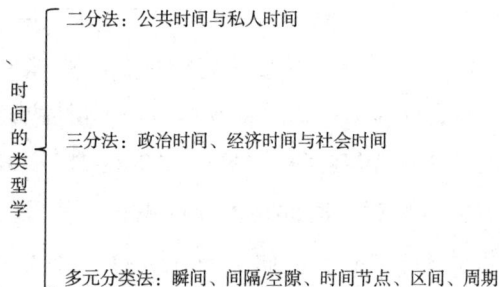

时间的类型学	二分法：公共时间与私人时间
	三分法：政治时间、经济时间与社会时间
	多元分类法：瞬间、间隔/空隙、时间节点、区间、周期

图 1　时间的类型学

当然，社会科学研究者也不能忽视，时间之外或者与时间相关的维度/要素对于理解社会生活和政治过程的重要性。尤为重要的是，研究者要充分理解和认识在社会生活和政治过程中，促使变化/变迁发生的时间背后的关键事件与作用机制。因此，除了要重视时间的维度与类型，社会科学研究者还要将事件及其类型纳入分析中，以深化对社会生活或政治过程的理解。

（二）社会政策与时间性

就历史学和社会学来说，理解人类生活当中重要的转折点至关重要。这种转折点不仅具有特殊的实践意义，而且具有非常重要的社会学意涵和政策意义。在政策科学当中，政府的干预活动无疑对人类尤其是特定人群的生活产生了极其重要的影响。社会科学家如何解释这种影响及其后果，对于我们理解政治过程的本质和实践的效率异常重要。德国社会学家尼克拉斯·卢曼指出，时间性是社会学主题的一个重要维度，我们不能把时间仅仅当作一种标度，而是应该进行深度研究，研究时间在社会生活背后的知识范畴意义（Luhmann，1982：299）。英国当代社会理论家吉登斯（1998）指出，时间是他的结构化理论的一个重要核心。在他看来，理解资本主义社会现代性的一个重要出发点是理解资本主义现代性的意义和后果，而这种现代性毫无疑问与阶级关系和商品化紧密联系在一起。如何理解社会政策过程当中的转折点，以及这些转折点对社会群体生活产生的影响？不同社会政策的实施对不同人群产生了不同程度的影响，社会科学家需要检视并评估上述影响对公民福祉造成的后果。

按照吉登斯在结构化理论中对行动者与能动性关系的解释，正是由于社会研究纳入了实践的向度，我们才可以理解人类的实践与社会行动系统之间的关联，同时更有效地理解人类有意图的行动和无意图的行动之间所建立起来的关联。现代社会的一个重要事件是工业化或产业化的发展进程，它不仅深刻地影响了人类的物质生活条件，还深刻地影响了人类的社会关系。因此，任务目标导向的时间成为商品化的时间，对资本主义社会当中的阶级关系产生了深远影响。它不仅重塑了经济生活，还深刻地影响了企业这种组织当中的社会生活及治理方式。

直到最近两年，政治学领域公共政策研究学者才开始系统关注时间与社会政策过程之间的联系，并将时间性引入了社会政策过程分析（Gokmenoglu，2022；Goetz，2024：1~17；Howlett，2024：225~242）。将时间性纳入对社会政策过程的分析，是深入理解国家政治生活与市民社会生活关系的一个出发点。公共或社会政策本质上是一个国家/政府介入社会生活的过程，实际上也是一种时间中的政治。借用保罗·皮尔逊（2014）的术语——"时间中的政治"，社会政策的核心议题可以理解为（当下）时间中的社会政治（申秋、熊跃根，2017）。社会政策作为一种当下的社会行动，其目的是通过规则与具体的行动措施来重塑社会关系，实现稳定制度和强化伦理秩序的目标。社会政策过程是在特定时间与情境下国家规制和形塑社会的过程，决策者势必考虑到过去、当下与未来的关系。无论收入回报的高低，社会政策作为一种行动选择，都有极其鲜明的时间色彩。理解社会政策的时间性就是将当下与过程机制结合起来，分析其长期的变化机制与后果。从一个长期过程来看，社会政策可以被视作制度发展的一个环节，久而久之它们形成某种循环和变革（社会政策的韧性与弹性）。就理解和分析社会政策过程与时间性的联系而言，重要的是区分社会政策过程的具体情境与制度的差异。法国年鉴学派"新史学"代表人物弗朗索瓦·阿赫托戈在他的著作中指出，"历史性的体制"作为一个概念，是理解社会与时间关系的一个重要维度，也是在当今世界环境下考察时间经验与历史二者关系在思想上的一个新拓展（阿赫托戈，2020：xxviii~xxxii）。福利国家作为一种时间序列中不断发展变化的产物，可以将其视为一种历史性的体制，而社会政策则是这种体制中的具体实践活动。从工业主义劳动体制建立起来的社会政策，其内涵与实践形式主要围绕男性就业者养家模式，女性则作为福利依赖者从事家庭照顾活动。在工业主义劳动体制下，就业者福利突出的是男性福利体制和女性照顾者的二分，形成了福利国家内部的社会不平等，这也是收入差距性别化的一个重要制度前提。因此，国家的政策干预应基于既有的性别分工体制，通过增加女性的劳动参与和收入来减少福利性别化的影响，进而促进社会平等目标的实现。伴随工业化与现代化进程的不断发展，社会政策作为一种时间中的政治，通过工资/收入保护、就业福利和闲暇时间安排等一系列制度化措施，对就业者的社会生活与自我意识产生重要且积极的影响。考虑到现代民族国家将社会政策作为一种制度竞争的工具或策略，社会科学研究者显然不能忽视社会政策过程对市民社会生活长时段的影响。关注社会政策过程的时间性尤其是长时段的意义在于，研究者既可以区分不同时期国家干预社会问题的不同模式与侧重点，又能深入理解上述认知与行动，有助于对人们如何看待国家干预的正当性与道德基础形成长期看法。

工业主义和传统现代化发展的结果是提高了人们的收入水平，也极大地丰富了大众的消费，以社会政策为主的福利政治显然强化了社会团结的认知和共识。工业主义的一个显著特点是理性化和管理主义思潮盛行，并造就了有序和定时的工作与生活。而后工业主义经济形态的发展伴随着福利国家的紧缩政治进程与个体化生存方式的兴起，这使作为行动主体的人与国家之间在政治生活中产生了某种社会距离，社会政策实践对民众社会生活的影响次序与策略的有限性安排更加倾向于功利主义与短期性的考虑，从而加深了社会关系的撕裂。无论一个社会处在哪一种发展阶段，作为国家政治一部分的社会政策过程都势必会对大众的社会生活与社会关系形态产生重要的影响。当工业主义发展到福利国家阶段时，公民的社会权利与就业过程就不再是一种必然的联系，健全的社会保障与再分配措施增强了公民身份与社会权利的制度关联，使劳动的"去商品化"机制促进了社会平等。

在现实世界里，时间既是一种变量，也是一种客观力量，它对政策过程与结果有着不可忽视的影响。对社会政策时间性的分析是强化对社会政策过程中人与组织行为理解的重要前提。这一分析不仅包括研究者对时间类型学的分析，还包括研究者对社会政策过程中社会变迁与政治经验事实的取证，以及理解当下民众所处的生活世界及其生活期望。正如美国历史社会学家查尔斯·蒂利在他的著作中所指出的那样，事情在秩序中何时发生，会影响它们如何发生。关于社会科学对时间与事件过程关系的相关论述，研究者往往通过具体的时间和地点来解释这种时间次序如何影响社会过程（Tilly，1984：145）。在一个开放的社会里，政治过程是极其复杂的。作为政治运行的一部分，社会政策的具体实施过程往往由不同的时间和空间组成。在多个时间与空间广泛复杂的关系当中，政策的变迁与循环使政策实践本身变得十分不稳定。因此，如何理解这种社会政策过程的权力与行动者关系，以及如何进一步认识时间次序与事件过程的内在联系变得十分重要。历史学家小威廉·休厄尔回溯过往历史社会学的研究成果，就时间性做出三种分类，即目的论时间性、实验时间性和事件性时间性（休厄尔，2021：78~101）。将事件纳入时间性的考察，无疑丰富了研究者对社会政策过程中人与组织行为及其互动关系的理解，也深化了关于事件发生的次序对政策进程产生影响的机制的认识。休厄尔（2021：95~98）指出，人类社会过程的历史规律建立在异质性时间的基础之上，事件对社会过程的因果律影响在很大程度上被人们低估了。长期以来，历史学家沉浸在对历史的深度叙述中，不经意就放弃了对事件本身的理论概括，休厄尔则主张将事件本身当作一个理论范畴来认真对待。时间性与社会变迁存在紧密联系，同时变迁也通常被视作一个长期过程。基于此，有研究者提出有关时间性的一种新类型。丹尼尔·赫希曼在论文中专门讨论了"转型的时间性"（transitional temporality），用于分析解释在社会变迁过程中结构之间的关系（Hirschman，2021）。在不同的时代里（从工业主义到后工业主义），时间性与之关联的结构不同。因此，在不同的结构里，时间性自身所表现出来的节律与速度也会不同（Steinmetz，2008）。这为我们理解社会政策过程中政策干预实践的不同场域与时间性的相互作用，提供了新的思路。

社会政策与大众的社会生活密不可分，而国家干预的触角会通过不同层级的行政系统延伸到私人领域的日常生活里。研究和分析社会政策，将时间性与事件纳入对社会政策过程的解释，将有助于我们审视政策事实的不同层面与人的社会生活的连结点或界面（interface）。本文意在强调，将政策的发展历程或路径置于一个时间的框架中去加以深入认识，主要目的是理解社会政策实践过程所呈现的规律性、次序和相对性。在对社会政策的分析与诠释过程中，研究者应将微观层面的分析与宏观层面的理论解释结合起来，同时把与政策相关的社会生活事件（events of social life）融入政策分析与解释的框架中。也许只有这样，研究者才能充分说明社会政策自身的发展轨迹和变化规律，才能深入解释为什么社会政策实践过程会出现路径依赖的结果，为什么特定社会政策决策与实施机制及其变动具有令人难以想象的复杂性与制度刚性。很长一段时间里，在社会学针对社会现象和问题的研究中，研究者很自然地将时间视为一个常态和固定的要素，或者把时间当作一个标准化的单位，从而对群体行为或社会行动的情境与机制的分析进行简单化处理，忽视了社会生活与人类行为在不同时间维度下的多重性和复杂性。比如，理解当代中国的社会－经济和政治变迁，人们习惯将 1978 年当作一个固定和习以为常的时间起点，进而忽视在变化的时间序列里，随后的经济和社会变革对政府行为和社会构成的影响。在对社会世界的分析中，正如芭芭拉·亚当所主张的那样，应将时间的复杂性作为关键的组成部分融入社会理论当中，这样的分析方式才可能促使人们更为深刻地理解人（类）的生命史及其行动关联（Adam，1994）。对任何一种社会政策而言，它都是在特定时间下人类组织（通常是政府）做出的制度安排。然而，社会政策在其自身的发展历程中将经历时间的变化，而政治－经济环境与人类需要也会发生不同程度的改变。因此，在解释和分析特定时代背景下的社会政策时，研究者应打通"过去—现在—未来"这一时间链，把社会问题与社会干预的联系通过真实的社会世界表象呈现出来，而不只是抽象化地或白描般地对政策实践进行一般性解释。政策干预是一种时间行为，但是它并非总是一种即时的行为。相反，它经常表现为一种具有长期目标的规划。社会政策干预实践及其变化是在"时间链条"中呈现的，对研究者来说，重要的是抓住那些关键节点（critical conjuncture）或转折点（turning point），深入理解在特定的时间/时段里政策如何影响人类社会生活及其后果。很多时候，尽管岁月流逝，但某一项既定的社会政策并没有发生本质的改变（比如修订或废止），而真正发生改变的是政策实施所依赖的制度条件或社会环境。当下，在大变革时代，民族国家的政治经济与社会结构发生了众多变化，面对日益增加的社会支出压力和不断上升的社会问题管控成本，无论是发达国家还是发展中国家，都要设法在促进经济发展进程中提高社会治理效率与提升制度合法性。

在现代世界里，随着时间的变化，人类的社会生活和政治行为会对环境和人类自身产生不同程度的影响。政策作为一种时间的产物，不仅是政治运行或公共行政管理的结果，而且是国家与社会互动的结果。按照安德鲁·阿伯特的看法，当理解社会过程中的事件与影响时，时间至关重要（Abbott, 2001：1-3）。与此同时，历史社会学同样也强调事件对历史进程的影响。有学者提出，事件不仅改变因果力量的平衡，还改变偶然事件或特定情境背后的逻辑（休厄尔，2021：95~96）。而特定事件及其发展过程会对人类群体或集体产生重大影响，这些影响很可能导致政府干预或新政策的引入。因此，正如部分学者曾指出的那样，分析社会政策的变迁过程，除了注重时间要素，还要重视特定事件对社会政策过程产生的影响，将事件-过程分析视角引入政策研究之中（熊跃根，2009：54）。社会政策作为一个社会行动过程，行动、时间与事件是政策分析的三个核心要素。在研究者眼里，事件-过程可以转化为对政策真实背景的回溯与还原，从而把握政策发展与变化的内在逻辑。而对政策决策者来说，一旦政策实践形成某种制度化的路径，未来的政策变革或新的政策选择的可能性就会减少，这就是社会科学研究者对经济和政治实践中路径依赖的行为着迷的一个重要原因。在现实的社会世界里，人类行为既受到自我意识的驱动，又受到过去经验或传统的影响。人类过去的实践所蕴含的经验、理念、传统、惯习和技艺等会对现在与未来的实践产生影响。在特定的时间和环境下，人们除非有足够的选择与理由，否则放弃一种经验化的、可预见的行动选择会变得困难，这在某种程度上解释了，为什么在一个信奉稳定与秩序的集中化体制中推行政策变革的进程通常会比较慢。但是，在外部环境发生重大变迁或发生重大事件的背景下，集中化的体制极有可能做出更为果敢与迅速的制度反应，因为此时政策决策者对体制合法性与可持续性的重要性的考虑超出了对政策实际效应的重要性的考虑。因此，传统上社会政策作为一种民族国家内部的政治实践，在全球化时代或世界体系里往往会催生一种跨越边界的现象，政策输出或跨国社会政策的影响日渐明显（Abbott & DeViney, 1992）。无论是发达国家还是发展中国家，在制定和实施特定的社会政策时都需要考虑外部环境和国际政治经济背景。在一个变革的开放时代里，相互学习与经验借鉴比任何其他时代变得更为重要。如果从一个长时段来审视人类的社会生活和政治活动，社会科学家很容易注意到，无论是个体还是组织都会在历史进程中形成某种路径依赖，这也是在特定结构范畴下时间与事件交互作用的结果。就现代民族国家的政治过程来说，社会事件发生在时间与空间交织在一起的互动情境中，并决定了事件的次序和意义（Tilly，1994）。从工业主义时代到后工业主义时代，民族国家福利体制和社会政策的变化不仅重塑了工作的形式与内容，而且改变了工作一贯的稳定性，使其演变为一种"不稳定的工作"（precarious work），并进一步影响工作与家庭闲暇的安排。劳动力市场上非正规就业的盛行与延迟退休政策的普遍实施，在很大程度上形成了新的"时间政治学"（诺沃特尼，2011：77~81）。基于此，社会科学研究者要深入关注并研究，在处于不同发展阶段的社会里，像中国这样的转型大国的社会政策的历史质与时间性及其意义。

四　从历史质-时间性维度理解
中国社会政策的传统与变迁

作为国家行政体系与政治活动的一个重要构成部分，社会政策不仅是历史经验的延续，还是当下时代表征的反映。对世人来说，在时间脉络中流经的岁月所沉淀的人类经验或实践，很可能在未来某个时点再次与人们重逢，这或许就是历史的延续性或绵延性。在今天这个充满不可预知的挑战与大变革的时代，当代民族国家需要呼唤怎样的社会政策或社会政治（sozial politik），才能回应一个多世纪前马克斯·韦伯在其就职演讲中提出的发人深省的问题？

> 但社会政策（或社会政治）的最关键问题并不是被统治者的经济处境，而是统治阶级和上升阶级的政治素质。我们社会政策（或社会政治）活动的目的并不是使每个人都幸福，而是要达成民族的社会联合。这种社会联合在现代经济发展下已经分崩离析，我们必须重新造成民族的社会联合才能应付未来的残酷斗争。（韦伯，1997：106）

在韦伯看来，社会政策（或社会政治）关乎一个民族国家领导阶级的政治素质问题，其目的是促成社会联合（或社会整合）以应对未来的政治挑战，这才是问题的关键。从这里出发，社会科学对社会政策的理解不能只从狭隘的角度进行，更不能把这一学科或领域当作一种为应对社会问题而开处方的工具。我们在界定社会政策的内涵时，无论什么时候，价值观与行动都是最重要的两个要素。它不仅关乎当下，还关乎过去，更关乎未来。社会政策研究者要面对的一个关键挑战可能是，如何处理一种经验的历史质与当下具体实践的时代性二者之间的关系，如何在全球背景下认识中国自身的发展经验与普世主义价值观之间的内在联系。

（一）理解中国社会政策的传统

社会政策作为一种国家或政府主导的社会行动，其回应社会问题的方式与方法既是历史延续的结果，也是现实的一种应对。无论在什么时代，政策决策者都不可能抹去时间及时间的记忆，这一点在很大程度上使在社会政策过程中权力应受制于制度成为一种共识。比如，针对特定领域问题的政策应对，不仅涉及行政系统的人员、信息与资源的调配，还涉及知识与技术方法的准备或储备，甚至包括知识与实践技能的培训等。这些环节需要经历时间或时段才能转化为一种有效的应对。

中国是一个具有悠久历史的东方大国，在绵延已久的朝代更迭历程中，积淀了深厚的中央政府治理社会的历史经验，在如何回应民间需要和处理社会问题上积累了丰富的实践经验，也建立了一套繁复多重的制度。然而，制度既可以规范官僚系统的行政管理，也可能成为变革陈规陋习的一个障碍。正如历史学家钱穆（2012：177~178）所言，这套制度不仅成为历代中国统治者和官僚系统开展行政事务的前提和基础，还成为一种制约，甚至阻碍制度改革的设置。自秦汉以来，中央政府在对地方的治理实践中逐步发展出一套惠民济困的措施，这既是一种社会救助行动，又是君主安抚天下的一种手段，充分体现了以抚幼安老恤贫为基础的社会行政传统，强调价值理性、道德正确与社会控制的重要性，隐含着强烈的以家为本和以国家为中心的家国一体的治理传统。在中国传统社会里，儒家思想作为一种深厚的伦理思想，既是君主治理国家的道德指引，又是个人修行操守的行动指南。它通过儒家典籍世代相传，潜移默化地存在于人们的日常生活与职业生涯中。家庭对个人来说至关重要，它既是道德教化的场所，又是履行责任——"养家糊口"（男性责任）与"相夫教子"（女性角色）——的空间。家庭发挥了满足个人基本需要的功能，并通过传诵《三字经》《孝经》等儒家典籍承担部分社会教化责任，在很大程度上对维持政治统治起到了作用。作为一个疆域广阔的东方大国，中国的黄河和长江两条大河流域历史上也是洪水泛滥之地，因此，治水与赈灾（或救荒）在很长一段时期内都是中国行政体系和官僚制度实施社会治理的主要内容（魏丕信，2003）。可以说，在中国封建社会历史时期内，国家主导的大部分治理实践主要体现在治水、平叛（抑制地方会社的兴起）以及相关的社会工程上，且很多具体社会事务的处置由地方负责，很少涉及由国家主导和提供的一般性公共福利与服务，家庭和以地缘亲缘为基础的地方社团在济民救困方面发挥了重要作用，很大程度上减轻了国家干预的压力或负担。曾有学者指出，明代晚期地方慈善组织的发展尽管得到显著的增强，但是国家作为管理社会的主体，仍然服务于社会的精英阶层和权势群体（Smith，2009：1~5）。在中国这样一个注重家庭伦理、个人责任和以关系本位为基础的社会里，历史上从来没有系统地发展出一套围绕政府承担民众福利主体责任的制度，家庭（或家族）的自我照顾和依赖社会互助的民间支持长期以来一直发挥着解决民众个人和家庭困境及福利缺失问题的作用，国家只是在紧急或特殊状态下才对家庭和群体性的社会问题进行干预。在中国历史上相当长一段时期内，福利的国家责任是缺失的，多数时候仅仅表现为一种补缺型的公共供给（Xiong，2014）。

（二）理解中国社会政策过程中的历史质与时间性：是一种压缩性的时间体制吗？

1949 年新中国成立以后，中国实行了计划经济体制，建立了城镇居民和农村居民二分的户籍制度，城乡二元结构使中国的社会保障与福利制度也是一种二元分割的制度。由于社会不平等问题被视作资本主义的一个问题，社会政策常常附着于政府的经济政策体系。在很长一段时期内，国家并未发展出一套系统的社会政策的制度和具体实践领域。社会福利分为以就业为基础的单位福利和维护社会基本秩序的社会救助，家庭是个人需要满足的基本单位。可以说，从 1949 年新中国成立到改革开放的近三十年间，中国社会政策实践的发展基本上依附于经济政策体制和政策环境，城镇单位制基本上解决了就业者及其家属的生活需要，而广大农村依赖集体经济和家庭的自我照顾，民政部门则对社会弱势群体起到必要的救助和保护作用。中国社会福利体制最显著的变革始于改革开放时期，1978 年后农村开始实行家庭联产承包责任制，1984 年后城市国有企业普遍实行了所有制改革。上述改革对城乡社会保障与社会福利服务体制产生了深刻的影响。

在改革开放时期的中国，社会政策是社会变迁与政府体制改革的产物。20 世纪 80 年代以来，由于家庭联产承包责任制的实行和城市发展带来的众多就业机会，农村剩余劳动力大规模向城市流动。城市国有企业用工制度和产权制度发生变革，即劳动合同制的安排，使企业有了进一步的用工自主权，企业部分冗员逐步走向社会，成为半失业（下岗）和失业人员，进而促发了社会保障制度的改革。20 世纪 90 年代伴随市场经济的进一步发展，城市加快了针对贫困和低收入人群的生活保障制度建设，上海于 1993 年率先建立并实施了城镇居民最低生活保障制度。至 1999 年底，城镇居民最低生活保障制度逐步成为一项全国统一实施的社会救助制度。与此同时，中国也开始在城镇国有部门实施养老保险制度改革，逐步推行建立城镇职工基本养老保险制度和城镇职工基本医疗保险制度，并在 1999 年前后实施了住房分配货币化改革措施，逐步建立和实施城镇职工住房公积金制度。20 世纪 90 年代，中国社会福利与政策改革在很大程度上反映了中国政府对社会变迁和社会问题的一种策略性回应，它是促进市场经济持续发展的基础，也是协调社会关系和保持社会稳定的制度保障（Croll，1999）。

进入 21 世纪后，中国成功加入世界贸易组织（WTO），经济增长速度进一步提升，各项社会保障制度改革进程加快。随着社会救助制度和医疗卫生领域等一系列重大改革举措相继出台，中国进入了社会政策时代。在科学发展观的引领下，中国在2004年开始逐步实施农村最低生活保障制度，到2006年基本实现了全覆盖。尽管现金救助的水平不高，但是相关的综合救助措施和待遇还是对农村贫困家庭和个人起到了重要的保障作用。2006年1月起我国正式废止历经世代的农业税，给广大农民带来了福音。经过几年的政策试点后，2007年中国开始在农村全面实施新型农村合作医疗制度（以下简称"新农合"），着手解决农民看病难、看病贵问题。经过多年努力，中国在"十二五"（2011～2015年）期间实现了"新农合"全覆盖的目标，对保障农民看病就医起到了决定性作用。2009年中国开始实施新型农村养老保险制度（简称"新农保"），历史上第一次为农民建立了养老金制度。与此同时，针对医疗领域的困境和制度难题，2009年3月，国务院颁布了《关于深化医药卫生体制改革的意见》和《医药卫生体制改革近期重点实施方案（2009～2011年）》，从当年4月开始全面启动实施新一轮医疗体制和医疗服务领域的综合改革（以下简称"新医改"）。"新医改"旨在着力解决普遍存在的民众看病难、看病贵问题，落实医疗公共卫生事业的公益性质，实现人人享有基本医疗卫生服务的目标。经过十多年努力，中国实现了城乡居民基本医疗保险制度和基本卫生服务的全覆盖，大大缓解了居民看病就医的压力，极大地满足了人民群众的基本医疗服务需求，有效提升了城乡居民的健康水平。2009年，中国人口平均预期寿命为73.05岁，到2023年这一指标上升到78.6岁，接近或超过中等收入国家水平。同时，根据联合国发展署发布的人类发展指数（HDI），2009年中国人类发展指数为0.693，在全世界排名为第92；到2023年中国人类发展指数提升到0.788，排名也上升至第75位，进入人类发展高水平国家行列（UNDP，2024）。经过改革开放以来四十多年的努力，中国在大力促进经济增长的同时，逐步推进社会政策领域的改革，实施了一大批与民生息息相关的惠民利民政策，有效改善了人民群众的生活状况，提高了城乡居民的安全感、获得感和幸福感。理解中国的社会政策发展轨迹，研究者需要进入一种时间体制和特定的历史情境，将政治、经济与社会的过程和要素综合在一起加以分析。同样重要的是，研究者依然不能忽视事件对政策发展的影响。因此，在分析中国社会政策的变迁过程中，笔者尝试提出"时间–事件"分析框架（见图 2）。在这一分析框架中，需注意时间线进程中的中国社会政策变迁主要受到政治事件（PE）、经济事件（EE）和社会事件（SE）的影响，而一些重要的或突发的事件则会起到关键作用，进而形成政策变化的关键节点。对研究者来说，同样需要注意的是，上述三种类型的事件并非孤立的，而是相互影响甚至相互制约的，因此存在一种相互联结的紧密联系（interweaving relationship）。

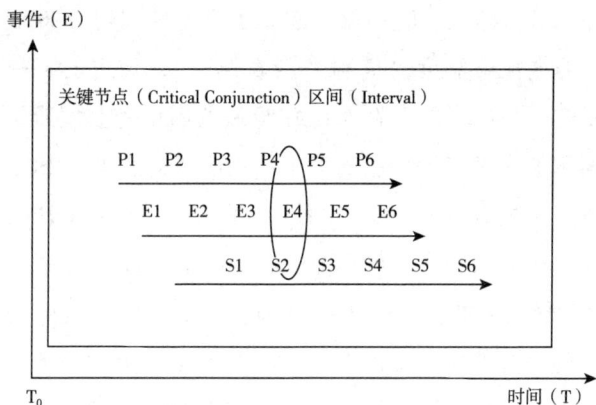

图 2　中国社会政策的"时间–事件"分析框架

　　本质上来说，社会政策是现代社会工业化与城市化发展的产物，同时也是当代国家应对社会问题的一种干预手段，它既反映了民众对基本生活保障和追求更高生活质量的内在要求，又反映了现代国家如何有效处理经济、政治与社会层面问题的行动机制与策略。社会政策作为一种社会行动（social action），区别于自发的社会运动。因此，对社会科学研究者来说，要想认识作为一门学科/科学的社会政策背后的价值与现实中的具体行动，应严格区分"是什么"和"应该是什么"。作为一种具有社会属性和社会意义的行动，社会政策实践是社会变迁过程中国家意志、社会价值观和不同群体福利态度的体现。在中国，社会政策更主要地体现了共产党"坚持以人民为中心"的根本执政理念与"全心全意为人民服务"的根本宗旨。

若我们将民族国家社会政策的改革与发展放到一个更广阔的层面来思考，比如从国家间制度竞争的角度出发，用马克斯·韦伯的话说，它就有可能变成一种价值观的斗争，而不再单纯是一种民族国家边界内民众生活政治的考量（韦伯，1997：89~91）。中国作为一个发展中国家，在短短几十年内经历了发达国家上百年的工业化与城市化过程。在社会层面，中国的社会结构在不到40年时间里完成了从高生育率到低生育率的人口转变，快速进入人口老龄化阶段。同时，城乡二元体制也会在相当一段时期内存在，并对城乡居民的社会生活产生显著影响。从这个意义上说，为更好地理解当代中国社会政策的变迁与发展，笔者提出应从一种"压缩性的时间体制"（the Compressed Regime of Time，CRT）概念出发，理解在一个特定的时段内，中国社会政策的变迁与发展轨迹及其背后的价值与行动。为理解中国的社会政策实践和相关理论问题，笔者提出历史质-时间性的分析视角，试图帮助研究者打开认识的一扇窗户。作为一个政治-经济和文化上同西方具有鲜明异质性的社会，当代中国的社会福利体制和社会政策实践在过去40年中经历了深刻的变化与改革。因此，要认识和分析这些变化与改革，纵向的历史维度和敏锐的当下意识都是很重要的。在中国社会政策的发展过程中，其福利体制不仅是一种历史性的体制，而且应该是一种符合文明世界的道德实践。

作为一种社会行动，民族国家当下的社会政策在错综复杂的政治经济与社会变迁情境下，面临如何激发行动者（政府、企业和社会阶层）的阶级意识与行动策略的问题，进而超越国家单纯将社会生活简化为一种可支配的社会系统的做法。社会政策是个人和集体在当下（时间）决定的、回应历史性的体制和当前社会问题的产物，行动者受到"被当下建构"与"被历史建构"的双重挤压。为回应这种历史图景和时代的变迁，中国社会政策的时间性与历史质的发展，不仅是中国作为民族国家自身建构与国家富强的议题，而且是一个关乎全球发展的国家发展议题。

无论如何看待中国社会政策的当下或未来，作为研究者，我们都应清醒地认识到：正如国家自身的发展一样，社会政策也需要面对稳定与创新这一对矛盾，处理好制度运行的稳定性与制度变革的内在要求；在一个发生转变的经济发展模式与社会情境中，要深入理解社会个体化趋势与后工业主义环境下新型劳动方式对民众及家庭生活的影响，及时调整社会政策的决策与实施方式。作为一种时间中的政治，社会政策始终表现为基于过去经验的发展中的产物与历程，它既是路径依赖的结果，又是政策行动基于收益回报的激励过程。考虑到资本-劳动关系的长期存续，如何将基于性别的权利与需要的视角纳入社会政策的决策与实施过程，将是当代民族国家在社会政策领域面临的一大挑战。从方法论与价值论角度来看，社会主义国家社会政策的一个重要发展方向，依然是要思考如何激发马克思主义的历史分析和辩证唯物主义方法论在社会政策研究与实践中的活力，如何理解在特殊时间下偶然或个别事件对社会政策过程的影响，如何理解个人（尤其是领导者）在集体决策中的重要作用。这些值得社会政策研究者在未来进一步加以认识和分析。

对于正在奋力推进现代化进程的当代中国来说，社会政策变革与发展面临以下两个根本问题：第一，在逆全球化时代的经济发展格局下，如何平衡经济发展与社会治理的关系？第二，如何平衡社会治理与民生保障的关系？对于中国来说，社会政策本质上还是在回应如何处理好社会稳定与社会发展之间关系的问题，二者既不能彼此割裂，又不能偏废一方。作为一个发展中的社会主义大国，中国的社会政策同样是价值指引下的一种社会行动，也是社会主义历史进程发展的产物，其目的是国家/政府致力于解决实际的社会问题及满足因社会问题而衍生的实际社会需要，这是问题的本质和关键。基于此，我们应该敏锐地认识到，中国的社会政策具有自身的特殊性，即它既是一种独立于经验之外的伦理与意识形态（规范与理想），也是一套科层化的支配社会问题干预的行动步骤（技术工具），还是一种调节社会关系的干预措施（客观行动）。在中国这样一个注重秩序伦理和实效利益导向的国家里，社会政策依然是社会能动性的一种体现。

五　结语

本文旨在从时间性和历史质的角度出发，从理论层面探讨，作为一种国家政治与社会实践，社会政策到底意味着什么，以及如何理解二者与社会政策过程的内在联系，并在此基础上对中国的社会政策过程与发展试图做出一般性的理论阐释。作为一种历史体制下的国家实践，笔者提出理性与正当性支配着社会政策的干预范围与主要内容的观点。本文认为，理解社会政策的历史质与时间性对社会科学研究者来说是十分重要的，它告诫我们要避免陷入把社会政策过程当作一种短期和截面的社会事实这一认识误区。更为重要的是，中国几十年的快速发展与变迁，造就了一种笔者提出的"压缩性的时间体制"，这正是理解中国社会政策特殊性的一个关键。无论我们如何理解社会政策的历史质与时间性，作为研究者都必须重视对社会政策过程产生重要影响的观念、人和事件等要素及其构成的社会关系。按照马克斯·韦伯的看法，社会政策（或社会政治）的研究对象不能被框定为狭义的社会问题（social questions），而应把它视作一种社会经济与政治系统中人类共同体的文化现象（韦伯，2015）。从这个意义上理解，研究中国的社会政策同样需要文化自觉，并在理论与方法上推陈出新。

在当代中国，社会政策作为一种促进民生福祉改善的社会行动，理应保障所有人的基本生存（确保低收入阶层的基本权利），它试图通过经济发展逐步提高所有人的收入水平（更公平的收入分配），进而建立一种中国式现代化社会的生活质量标准（建立美好生活指标），最终实现高质量发展和中国特色社会主义现代化目标。社会政策研究者要理解它既是一种国家（政府）治理的过往实践，又是一种回应当下社会问题的社会行动。社会政策不仅是对社会需要的评估与回应，而且是一种对时间和压力的管理。在对时间变化与过去既有经验的回溯性反思中，社会政策作为社会变革的重要力量，有可能重塑和进一步打造"有为国家"（enabling state）的积极形象，还有可能在促进制度变迁中，通过社会福利与服务的提供，建构并发展出一种超越发达国家的包容性政治制度，这也正符合中国走向世界并确立制度自信的长期目标。

参考文献

阿伯特，安德鲁，2022，《过程社会学》，周忆粟译，北京：北京师范大学出版社。

阿赫托戈，弗朗索瓦，2020，《历史性的体制：当下主义与时间经验》，黄艳红译，北京：中信出版集团。

柏格森，2017，《时间与自由意志》，吴士栋译，北京：商务印书馆。

柏拉图，2005，《蒂迈欧篇》，谢文郁译，上海：上海人民出版社。

波兰尼，卡尔，2017，《巨变：当代政治与经济的起源》，黄树民译，北京：社会科学文献出版社。

古尔维奇，乔治，2010，《社会时间的频谱》，朱红文、高宁、范璐璐译，北京：北京师范大学出版社。

吉登斯，安东尼，1998，《社会的构成》，李康、李猛译，北京：生活·读书·新知三联书店。

康德，2022，《纯粹理性批判》，韩林合译，北京：商务印书馆。

拉赫曼，理查德，2017，《历史社会学概论》，赵莉妍译，北京：商务印书馆。

米德，乔治，2003，《现在的哲学》，李猛译，上海：上海人民出版社。

米尔斯，赖特，2016，《社会学的想象力》，陈强、张永强译，北京：生活·读书·新知三联书店。

莫克尔，乔尔，2020，《启蒙经济：英国经济史新论》，曾鑫、熊跃根译，北京：中信出版集团。

诺沃特尼，赫尔嘉，2011，《时间：现代与后现代经验》，金梦兰、张网成译，北京：北京师范大学出版社。

皮尔逊，保罗，2014，《时间中的政治：历史、制度与社会分析》，黎汉基、黄佩璇译，南京：江苏人民出版社。

钱穆，2012，《中国历代政治得失》，北京：生活·读书·新知三联书店。

萨弗兰斯基，吕迪格尔，2018，《时间：它对我们做什么和我们用它做什么》，卫茂平译，北京：社会科学文献出版社。

申秋、熊跃根，2017，《时间中的社会政治：中国农村扶贫政策的演进过程——一种历史制度主义的分析视角》，载王春光主编《社会政策评论》（总第七辑），北京：社会科学文献出版社。

图海纳，阿兰，2008，《行动者的归来》，舒诗伟等译，北京：商务印书馆。

韦伯，马克斯，1997，《民族国家与经济政策》，甘阳等译，北京：生活·读书·新知三联书店。

韦伯，马克斯，2015，《社会科学方法论》，韩水法、莫茜译，北京：商务印书馆。

维特根斯坦，路德维希，2012，《文化与价值》，涂纪亮译，北京：北京大学出版社。

魏丕信，2003，《18 世纪中国的官僚制度与荒政》，徐建青译，南京：江苏人民出版社。

熊跃根，2009，《社会政策：理论与分析方法》，北京：中国人民大学出版社。

休厄尔，小威廉，2021，《历史的逻辑：社会理论与社会转型》（修订译本），朱联璧、费滢译，上海：上海人民出版社。

亚当，芭芭拉，2009，《时间与社会理论》，金梦兰译，北京：北京师范大学出版社。

亚里士多德，2011，《物理学》，张竹明译，北京：商务印书馆。

Abbott, A. 1990. "Conceptions of Time and Events in Social Science Methods." *Historical Methods* 23 (4): 140−151.

Abbott, A. 1991. "History and Sociology: The Lost Synthesis." *Social Science History* 15 (2): 201−238.

Abbott, A. 1997. "Of Time and Space: The Contemporary Relevance of the Chicago School." *Social Forces* 75 (4): 1149−1182.

Abbott, A. 2001. *Time Matters: On Theory and Method*. Chicago: University of Chicago Press.

Abbott, A. & DeViney, S. 1992. "The Welfare State as Transnational Event: Evidence from Sequences of Policy Adoption." *Social Science History* 16 (2): 245−274.

Acemoglu, D. & Robinson, J. 2012. *Why Nations Fail: The Origins of Power, Prosperity, and Poverty*. New York: Crown Publishers.

Adam, B. 1994. *Time and Social Theory*. Philadelphia: Temple University Press.

Adam, B. 2004. *Time*. Cambridge: The Polity Press.

Braudel, F. & Wallerstein, I. 2009. "History and the Social Sciences: The Longue Durée." *Review* 32 (2): 171−203.

Brooks, C. & Manza, J. 2006. "Social Policy Responsiveness in Developed Democracies." *American Sociological Review* 71 (3): 474−494.

Croll, E. J. 1999. "Social Welfare Reform: Trends and Tensions." *The China Quarterly* 159: 684−699.

Elias, N. 1992. *Time: An Essay*. Oxford: Blackwell.

Goetz, K. H. 2024. "Time, Politics, and Political Science." in K. H. Goetz (ed.), *The Oxford Handbook of Time and Politics*. Oxford: Oxford University Press.

Gokmenoglu, B. 2022. "Temporality in the Social Sciences: New Directions for a Political Sociology of Time." *British Journal of Sociology* 73 (3): 645−653.

Hall, P. 2015. "Social Policy-making for the Long Run." *PS: Political Science and Politics* 48 (2): 289−291.

Hirschman, D. 2021. "Transitional Temporality." *Sociological Theory* 39 (1): 48−58.

Howlett, M. 2024. "Temporality and the Analysis of Policy Processes." in K. H. Goetz (ed.), *The Oxford Handbook of Time and Politics*. Oxford: Oxford University Press.

Luhmann, N. 1982. *The Differentiation of Society*. New York: Columbia University Press.

Merton, R. K. 1936. "The Unanticipated Consequences of Purposive Social Action." *American Sociological Review* 1 (6): 894–904.

North, D. 1999. *Understanding the Process of Economic Change*. Princeton: Princeton University Press.

Skocpol, T. & Rueschemeyer, D. (eds.) 1996. *States, Social Knowledge, and the Origins of Modern Social Policies*. Princeton: Princeton University Press.

Smith, J. H. 2009. *The Art of Doing Good: Charity in Late Ming China*. Berkeley: University of California Press.

Steinmetz, G. 2008. " 'Logics of History' as a Framework for an Integrated Social Science." *Social Science History* 32 (4): 535–553.

Tilly, C. 1984. *Big Structure, Large Process, Huge Comparisons*. New York: Russell Sage Foundation.

Tilly, C. 1994. "The Time of States." *Social Research* 61: 269–295.

UNDP. 2024. "Human Development Report 2023–24: Breaking the Gridlock: Reimagining Cooperation in a Polarized World." Last modified March 13. https://hdr. undp. org/content/human-development-report-2023-24.

Xiong, Y. G. 2014. "The Unbearable Heaviness of Welfare and the Limits of Social Policy in China: A Historical Institutionalism." in P. Kettunen, S. Kuhnle and Y. Ren (eds.), *Reshaping Welfare Institutions in China and the Nordic Countries*. Helsinki: Nordic Centre of Excellence Nordwel.

Zablocki, B. D. 1993. "Rational Models of Charismatic Influence." in A. B. Sorensen and S. Spilerman (eds.), *Social Theory and Social Policy: Essays in Honor of James S. Coleman*, Westport. CN: Praeger.

韩国社会保障领域的数字化转型：问题与挑战

〔韩〕 鲁大明（No Dae Myung）

邓依瑶 译　张文博 译校*

摘　要：新兴数字技术正以迅猛之势深刻地影响着社会各领域，数字化转型已成为不可逆转的时代趋势。一方面，数字技术特别是人工智能技术将成为推动经济增长的核心动力；另一方面，数字技术被滥用及其可能引发的风险也趋于显著。因此，有必要围绕如何利用数字技术尤其是人工智能技术增进人类福祉展开更多讨论，公共部门的数字化转型尤为重要。本文旨在讨论数字技术所引发的问题、数字技术潜在的可能性及其衍生的相关议题，并将重点关注韩国社会保障领域的数字化转型。具体而言，本文将聚焦以下两个问题。一是数字技术是否正在侵蚀传统社会保险的基础？本文认为，尽管数字技术催生了新的经济和社会风险，但它们同时也为我们提供了化解这些风险的线索，数字化转型本质上是一个探索替代性路径以克服这些风险的过程。二是在此背景下，韩国政府如何应对这一问题，又面临哪些挑战？韩国政府是选择借助数字化转型之力彻底重塑当前的社会保障范式，还是倾向于追求效率而牺牲社会保障的团结原则？

关键词：数字化转型；韩国社会保障；效率提升风险；团结原则

一　引言

新兴数字技术正以迅猛之势深刻地影响社会各领域，包括商业与政府运

---

*　作者简介：鲁大明（No Dae Myung），韩国保健社会研究院（KIHASA）高级研究员，曾任韩国社会保障信息服务局（KSSIS）局长、韩国中央生活保障委员会副主席，研究方向为社会保障、福利管理、工作贫困和收入不平等，以及数字技术与公共部门数字化转型。
译者简介：邓依瑶，中国社会科学院大学社会与民族学院社会工作专业硕士研究生。译校者简介：张文博，中国社会科学院社会学研究所助理研究员、中国社会科学院社会政策研究中心副秘书长，研究方向为老年政策、农村政策、基层社会治理。

行、劳动力与消费模式，甚至包括维系传统社会体系的制度、组织和文化。在此背景下，数字化转型（digital transformation）已然超越选择范畴，成为不可逆转的时代趋势。

近年来，人工智能技术与传统数字技术呈现深度融合之势，并迅速拓展至几乎所有行业。越来越多的人认为，数字技术特别是人工智能技术将成为推动经济增长的核心动力。然而，新技术研发的竞逐态势呈现失序迹象，数字技术开发领域面临过度投资的困境，加之竞争格局的倾斜，新来者难以进入市场并立足。人们对于数字技术可能引发人类灾难的担忧日益加重。一些人寄希望于数字乌托邦（digital utopia）的实现，而另一些人则担心会出现数字反乌托邦（digital dystopia）。然而，技术发展的步伐不会停歇或减缓。企业正不断加大投资力度，积极推动数字技术的研发，并敦促政府进行全面机构改革，以构建完善的数字基础设施并废除相关规制。民众则担心数字技术被滥用于政府监控，因此要求强有力的机构监管。在此情形下，政府需在扶持与规制之间审慎选择政策方向。这一决策过程受多重因素的影响，包括权力结构、市场竞争环境、政府透明度、民众对政府的信任水平及集体主义价值观等。① 然而，各国的决策并不可能趋于一致，因此，数字世界的未来走向依旧充满变数。

当前的讨论更多围绕如何利用数字技术尤其是人工智能技术增进人类福祉展开。正因如此，公共部门的数字化转型尤为重要。其中，社会保障领域的数字化转型（Digital Transformation of Social Security，DTSC）堪称试金石，揭示了当前数字技术的应用现状、所引发的问题，以及未来的发展方向。同时，不同国家间的数字化转型实践亦映射出各国在效率与团结、经济增长与社会权利之间的政策取向和价值权衡。数字技术，尤其是人工

---

① 在数字技术的研发或使用上，不同国家的政府选择可能存在差异。有些政府认为其对经济增长或安全是必要的，另一些政府则认为其会增加国家监控，侵犯个人隐私。一个例子就是，在 2020 年新冠疫情期间，不同国家的公民对本国政府引入接触者追踪项目（contact tracing programs）的态度不同。有些国家的公民强烈反对引入此类追踪，另一些国家则没有。当然，最终来看，大多数国家到最后都是借此技术来解决民众所担心的问题，即利用区块链等技术将隐私泄露的风险降至最低。不过，至少在疫情的初期阶段，公民接受或拒绝此类追踪的最重要原因与民众对政府或追踪调查技术提供方的信任程度或集体主义不无关系（Zetterholm et al., 2021）。

智能技术，正在社会保障管理领域引发一系列变化。同时，此类技术亦可能为我们提供破解长期以来悬而未决的社会保障难题的线索。如果数字经济会侵蚀社会保障的基础，那么，探究如何利用数字技术与数据革命应对这一挑战，将会是一项极具意义的议题。

本文旨在讨论数字技术所引发的问题、数字技术潜在的可能性及其衍生的相关议题，并将重点关注韩国社会保障领域的数字化转型。具体而言，本文将聚焦以下两个问题。一是数字技术是否正在侵蚀传统社会保险的基础？本文认为，尽管数字技术催生了新的经济和社会风险，但它们同时也为我们提供了化解这些风险的线索，数字化转型本质上是一个探索替代性路径以克服这些风险的过程。二是在此背景下，韩国政府如何应对这一问题，又面临哪些挑战？韩国政府是选择借助数字化转型之力彻底重塑当前的社会保障范式，还是倾向于追求效率而牺牲社会保障的团结原则？

二 面对数字化转型的 21 世纪福利国家

（一）部分概念及其定义

首先，本部分将对以下核心概念进行界定。第一，数字化（Digitization）系指从模拟形态向数字形态的转换，涉及个人计算机和互联网技术如何重塑信息的记录、存储与传播方式。第二，数字化应用（Digitalization）是指超越信息数字化范畴的流程转型，涉及各种信息系统的集成和数据驱动决策模式的广泛普及。第三，数字化转型意指由数字化应用引发的文化、组织及关系层面的变革，具体而言，即指现有的机构、组织和文化随着融合型数字技术与生成式人工智能技术在经济和社会系统中的普及所经历的转型过程（Mergela et al.，2019：12）。总而言之，数字化转型可被视为在数字经济的驱动下，对现有经济与社会体系进行深度变革的动态过程。

数据革命（data revolution）系指因数字技术进步而在数据生成、采集、存储、分析及利用等诸环节所发生的变化。计算系统所处理的数据量爆炸式增长，催生了大数据。在此过程中，发展能够对海量数据进行有效收集、高效存储及深度分析的数据分析技术尤为关键。人工智能技术正在许多领域深刻改变人们的生活，其应用范畴已超越传统的分类与预测，进一步拓展至自动化决策（ADM），并由此衍生出一系列新的伦理议题。此外，数据的共享与开放虽然增加了公民获取信息的途径，但也引发了人们对政府监控随之增强的担忧（MacFeely，2020）。

此外，还有几个概念尚需界定，包括数字经济、数字产业及信息通信技术产业（ICT sector）。尽管"数字经济"一词已被频繁使用，但是迄今为止，国际社会对该概念的定义及度量标准尚未达成共识。针对这一问题，经济合作与发展组织（OECD）正在进行相关研究，但仍需进一步讨论（OECD，2020）。世界银行（World Bank，2024）则采用了一个近似的概念——数字产业，并将其定义为涵盖信息通信技术产业及其他相关领域的综合性范畴（见图 1）。在本文中，数字产业与数字经济两个概念可替换使用。

（二）数字化应用的光与影

数字技术既为人们带来了前所未有的机遇，也带来了不容忽视的风险。人们在此过程中做出的选择将深刻塑造未来数字社会的形态。本节将围绕以下三个尚存争议的核心议题展开探讨：（1）数字技术是否能成为经济增长的新引擎？（2）数字技术是否能够将人类从繁重的劳动之中解放出来？（3）人工智能是否可以在不侵犯人类劳动自主权的同时提升决策的合理性？

首先来看第一个问题，数字技术是否能成为经济增长的新引擎？支持数字技术将成为全球经济增长新动力的论点已显而易见。众所周知，数字经济在过去 10 年中一直保持迅猛增长。具体而言，2013~2023 年，经合组织成员国在信息通信技术领域的增长率达到 7.6%，约为同期整体经济增长率的 3 倍，即使在新冠疫情引发的全球性经济衰退期间，这一增长势头依然保持稳定（OECD，2024a：16）。尤其值得注意的是，人工智能技术不仅对近期的经济增长产生了决定性影响，而且有望在未来的经济增长中继续扮演关键角色（Chui et al.，2023）。然而，也有学者提出不同观点，

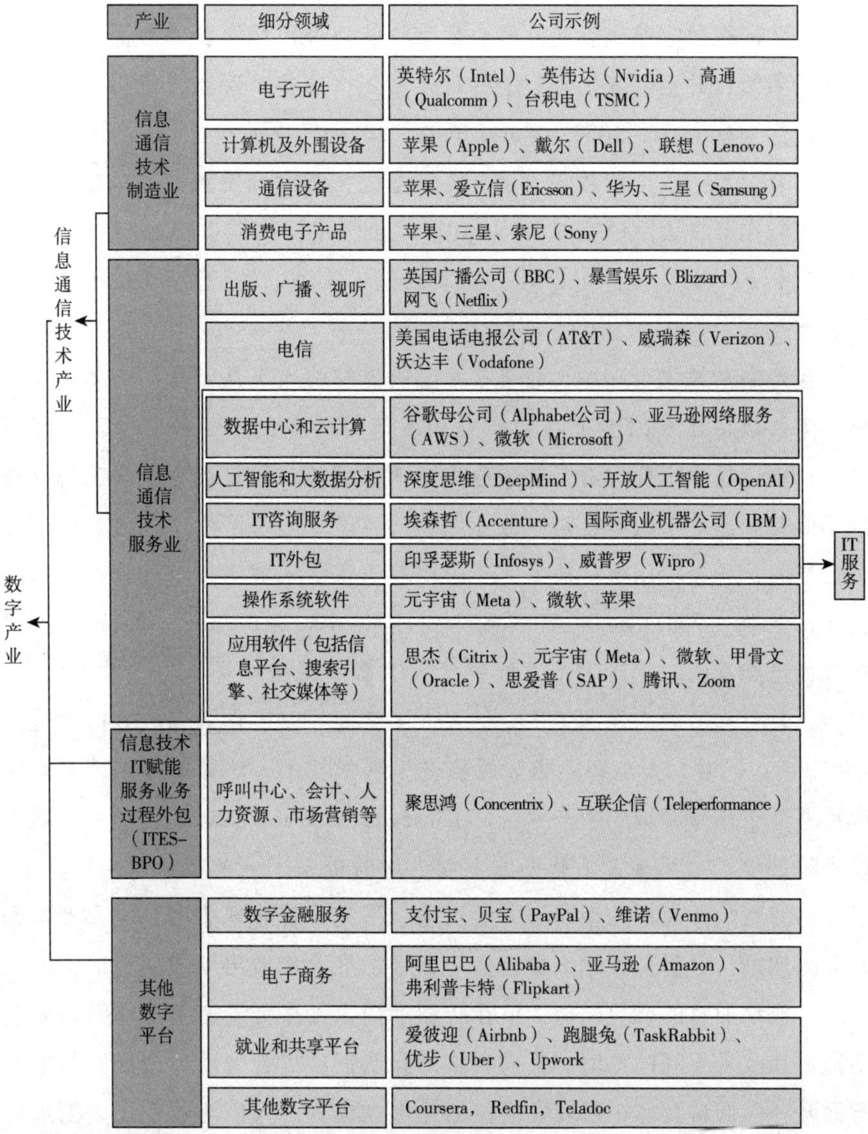

产业	细分领域	公司示例
信息通信技术制造业	电子元件	英特尔（Intel）、英伟达（Nvidia）、高通（Qualcomm）、台积电（TSMC）
	计算机及外围设备	苹果（Apple）、戴尔（Dell）、联想（Lenovo）
	通信设备	苹果、爱立信（Ericsson）、华为、三星（Samsung）
	消费电子产品	苹果、三星、索尼（Sony）
信息通信技术服务业	出版、广播、视听	英国广播公司（BBC）、暴雪娱乐（Blizzard）、网飞（Netflix）
	电信	美国电话电报公司（AT&T）、威瑞森（Verizon）、沃达丰（Vodafone）
	数据中心和云计算	谷歌母公司（Alphabet公司）、亚马逊网络服务（AWS）、微软（Microsoft）
	人工智能和大数据分析	深度思维（DeepMind）、开放人工智能（OpenAI）
	IT咨询服务	埃森哲（Accenture）、国际商业机器公司（IBM）
	IT外包	印孚瑟斯（Infosys）、威普罗（Wipro）
	操作系统软件	元宇宙（Meta）、微软、苹果
	应用软件（包括信息平台、搜索引擎、社交媒体等）	思杰（Citrix）、元宇宙（Meta）、微软、甲骨文（Oracle）、思爱普（SAP）、腾讯、Zoom
信息技术赋能服务业务过程外包（ITES-BPO）	呼叫中心、会计、人力资源、市场营销等	聚思鸿（Concentrix）、互联企信（Teleperformance）
其他数字平台	数字金融服务	支付宝、贝宝（PayPal）、维诺（Venmo）
	电子商务	阿里巴巴（Alibaba）、亚马逊（Amazon）、弗利普卡特（Flipkart）
	就业和共享平台	爱彼迎（Airbnb）、跑腿兔（TaskRabbit）、优步（Uber）、Upwork
	其他数字平台	Coursera，Redfin，Teladoc

信息通信技术产业

数字产业

IT服务

图1　数字产业的关键细分领域

资料来源：World Bank，2024。

认为数字技术对经济增长的影响并不显著，长期来看更是如此；人工智能技术对总生产率的提升也仍存在不确定性（OECD，2024b）。同样值得警惕的是，国家间日益扩大的数字鸿沟可能会加剧全球发展的不均衡态势。当前，各国在数字基础设施、核心数字技能以及可用资源等方面已然存在显著的差距，并且随着国际竞争的日益激烈，这些差距在未来仍有可能进一步扩大（Qureshi，2022；World Bank，2024）。有此担忧的原因在于，新兴参与者很难进入全球数字市场，特别是人工智能开发领域竞争激烈，新兴参与者在开发大型语言模型（LLMs）和构建价值链上面临极高的门槛（OECD，2024b）。因此可以说，全球发展的不均衡性是数字化进程中的阴影之所在。

接着来看第二个问题，数字技术是否能够将人类从繁重的劳动之中解放出来？数字技术因能提高生产力和缓解劳动者负担而备受关注。在过去，自动化技术主要促进了制造业生产率的增长，但是近年来人工智能技术不仅对制造业领域而且对服务业领域的生产率增长产生了深远影响。在企业层面，积极应用数字技术的公司相较于未引入数字技术的公司有更高的经济效益（World Bank，2024：23~44；Manyika & Sneader，2018）。从工作现场也能看到，相较之下，配备了人工智能的工作场所生产效率更高。其中，教育和劳动力培训工作在引入人工智能后，工作效率较之前提升了4 倍以上；同时，人工智能也显著提升了科学技术、法律服务、艺术及一般性办公工作等领域的生产率（McKinsey & Company，2023）。然而，数字技术的进步，尤其是人工智能的发展，同时带来了一些负面影响。其中，最突出的影响体现在转型期间失业风险、不充分就业现象以及收入不平等问题的加剧。尽管从长远来看，数字技术发展会创造出新的就业机会，从而维持或增加总的就业岗位，但在转型期内，许多劳动者仍可能面临职业不稳定和收入下降的困境。当前现状即是明证：尽管劳动力市场参与率有所提升，但低薪及非正规就业岗位的比重在提高。人们对数字技术创造就业的潜力本身亦存在争议。有研究指出，数字化转型正在引发一种"大脱钩"（great decoupling），即平均工资水平停滞不前、中层岗位数量持续减少（Brynjolfsson & McAfee，2013）。

再来看第三个问题，人工智能是否可以在不侵犯人类劳动自主权的同时提升决策的合理性？近期人工智能技术的显著进步预示着新型智能机器的出现，其智能水平有望超越人类，各界对其将会给人类社会带来的影响莫衷一是。然而，具备复杂决策能力的人工智能已被企业和公共部门迅速采纳，它正急剧变革现有的工作流程以及管理层面的组织架构和文化范式，决策过程因此变得更加迅捷和简单。这对公共部门产生了深刻影响。在线服务平台可以不受时间和空间的限制提供更为便捷的服务，民众的满意度也随之提升，这无疑会成为公共部门采纳基于人工智能的自动化决策的巨大推动力。当然，目前也存在对此类技术进步将加剧数字鸿沟现象的担忧。此外，收集和利用大数据可能引发隐私侵犯问题，以及人工智能算法可能因偏见而复制和强化现有社会偏见的问题，对此亦有不少批判。部分大型企业在数据收集和利用过程中所发生的个人信息泄露及信息被用于政治用途的事件验证了此类担忧。其中，经过大数据训练的人工智能算法亦披露了公共部门决策中的偏见，成为引发热议的话题。[①] 正因如此，人们普遍担心人工智能技术的应用将赋予大企业前所未有的权力，进而强化国家监控，最终造成民主的倒退（Eubanks，2018；Johnson，2021）。而更为根本的担忧则在于，随着人工智能逐渐脱离人类的控制并具备自主决策能力，人类的自主决策空间将受到挤压和限制，问题的解决将会变得更加困难，且责任归属也会变得模糊不清。

　　当今人类面临的挑战是，如何在不损及数字技术增长潜力的前提下，提出切实可行的具体策略，以最大限度地降低风险并改善人类生活。面对趋于白热化的数字技术竞争和全社会的快速数字化转型背景，一个亟待解决的问题是：谁能够有效应对这一问题，以及响应速度又有多快？（Wheeler，2023）。在无情的全球竞争与危机中，当前亟须深入反思如何从民主机制中探寻可行的解决方案（Levitsky & Ziblatt，2018）。

（三）数字化转型与福利国家的挑战

　　数字经济究竟是如何影响福利国家的？为什么数字化转型与福利国家

---

① 事实上，美国社交媒体公司脸书［Facebook，已部分更名为 Meta（元宇宙）］在 2018 年发生过剑桥分析（Cambridge Analytica）数据泄露风波，推特（Twitter，已更名为 X）的内部系统在 2020 年遭遇黑客攻击，导致众位名人政要账户信息泄露。这两起丑闻都涉及使用诱饵软件（decoy apps），未经用户同意收集个人信息并使用或转用。

之间的关系是一个重要议题？社会保障体系是一张保护公民免受失业、贫困、疾病等经济和社会风险冲击的社会安全网，社会保险在其中扮演着"自动稳定器"的关键角色，能够有效缓解外部冲击，是保护公民抵御数字经济冲击的代表性保障制度。然而，一旦数字经济真正动摇了社会保险的基础，那么它在履行这一保障职能时将面临严峻挑战。事实上，这一问题已在多个国家露出端倪，特别是前文讨论的三个问题正对社会保障体系的结构和功能产生重大影响。从结构层面看，就业关系的多样化趋势对社会保险的覆盖面产生了负面影响；从管理层面看，基于人工智能的自动化决策削弱了一线社会工作者的自主裁量权；从技术层面看，人工智能算法因种族偏见等而再度加剧了社会不平等。以下将对这三个问题进行深度检视和剖析。

（1）数字技术是否正在侵蚀传统①社会保险的根基？很显然，许多国家的社会保险面临多种风险，这些风险主要可以从两个维度进行阐释。

一方面，自动化与数字技术的发展催生了平台用工和零工等新型就业形态，这些新兴就业形态正在逐步动摇传统社会保险的基础（No et al., 2020）。例如，失业和不稳定就业的上升会减少税收、增加支出，威胁社会保险的财务可持续性。然而，若是通过严格限制资格条件或降低福利水平来应对财务困境，势必会影响公民的福祉，继而极可能导致新的弱势群体或"不稳定无产者"（precariat）的涌现（Standing, 2011）。欧洲福利国家自 20 世纪 90 年代以来一直面临这一问题，目前这一问题已扩散至全球其他国家。

另一方面，数字经济中的数据革命，尤其是利用大数据和人工智能②推动的分析能力提升，正在侵蚀传统社会保险的团结基础。依照艾弗森和

---

① 在此背景下，传统社会保险指的是旨在为工人及其家庭提供抵御失业、疾病和老龄化等风险的保障制度，其资金主要来自全职工人缴纳的保费。新型社会保险则指的是一种覆盖各类劳动者（包括非正规工人和自雇工人在内）的劳动者保障制度，其资金来源不仅包括保险缴费，还包括税收。

② 需特别指出，至少在目前阶段，推动了数据革命的大数据分析和基于机器学习的人工智能尚不具备价值中立或超智能权威的特性。大数据分析和人工智能算法会反映数据本身或其设计者的偏见。关于对此类偏见在诸多社会领域所蕴含的风险的讨论，可参阅 O'Neil, 2016。该著作虽稍显过时，但颇具启发性。

雷姆的观点，"福利国家实现再分配与平等的核心驱动力在于具有包容性的风险共担机制"，且一直以来的一个"隐性但普遍的预设"是，因不同群体间风险概率信息的不完善和不对称，社会保险所提供的是一种市场难以提供的服务（Iversen & Rehm，2022：99-100）。过去，各国政府对各类信息的联动与利用都实施严格监管，企业则因缺乏相应的制度支撑和数字技能而难以有效积累和运用这些信息。然而，自20世纪90年代起，对数字化和数据监管的放松则为私营企业积累和利用用户的个人健康信息提供了便利。此外，大数据分析技术的不断精进使企业对用户风险概率的预测越发精确。以对特定疾病人群的预期寿命预测为例，对于服务提供方而言，信息不对称的问题已在很大程度上得到缓解。例如，在私人健康保险领域，服务提供方可以通过开发满足部分群体（低风险群体）需求同时规避部分群体（高风险群体）的健康保险产品，实现利润最大化。在福利政治的背景下，那些承担较高社会保险缴费但实际患病风险较低的群体，以及那些被迫分担社会保险缴费的雇主群体，拥有了反对社会保险团结原则的理由。这样的环境变化可能促使政府以维持社会保险的财务稳定为由，推行偏向市场友好型的改革举措。为回应这一问题，艾弗森和雷姆系统阐述了社会保险不能被轻易解构的六大理由：第一，公共部门可能会占据市场；第二，政府对私人市场具有规制和调控手段；第三，相关性风险可能带来市场准入壁垒；第四，实现代际保障有困难；第五，长期参加社会保险存在机会成本；第六，保障慢性病患贫困人口有困难。然而，究其根本，数据革命所蕴含的风险在于，它可能触发对为着社会团结的风险共担机制的政治抨击，进而破坏社会保险体系，加剧收入不平等（Iversen & Rehm，2022：111-113）。这或许是当前多数国家共同面临的风险。然而，对于那些社会保险体系尚未全面覆盖或政治基础相对薄弱的国家来说，数据革命可能会带来更激进、更扭曲的冲击。

（2）福利管理中的人工智能算法偏见是否沿袭了歧视？所谓偏见，是指福利政策的设计与执行过程存在价值取向和行为偏颇，会对特定群体造成不利影响或损及社会公平。在福利管理中，最常见的偏见表现为基于种族、肤色、性别、残疾等因素的不公正决策或歧视行为。此类偏见或为福利制度本身所固有，或表现为一线社会工作者的价值偏见。人工智能偏差是由使用的大数据本身的偏差所致，或由人工智能算法设计错误所致。此类事件在21世纪初引入基于人工智能的自动化决策系统（ADMs）早期阶段很常见。澳大利亚的自动福利追讨计划①、荷兰的儿童福利欺诈事件②，以及美国宾夕法尼亚州的阿勒格尼家庭筛查工具③都存在此类情形（Eubanks, 2018）。可以说，澳大利亚的案例使用了不正确的收入数据，荷兰的案例是因算法设计错误而引发的偏见，美国的案例则是大数据本身所蕴含的偏见被映射至算法层面。这三个案例共同揭示了人工智能算法偏见在现实情境中的生成机制及其应对策略。对系统设计阶段的错误进行纠正，或通过验证算法输出以修正错误，往往属于人为疏失，此类问题也最为常见。然而，如果数据和算法本身是合理的，但结果仍存在偏差，问题就比较严重了，此时需要对算法本身所反映的政策与伦理判断做出考量。荷兰等国家已经设立了专门的机构和组织来监督人工智能算法的透明度与问责制，欧盟、经合组织等一些国际组织也支持此种做法。尽管在算法披露与审查过程中仍存在大量阻力，且面临诸多技术性挑战，但仍应持续努

---

① 2016年，澳大利亚政府引入了一项自动化系统（Robodebt）来向福利领取者追回多领的福利金。但由于系统计算失误，许多领取者收到了错误的退费补缴通知。这在2019年引发了大规模的法律诉讼和公众强烈不满。至2021年，政府向受影响者致歉并支付赔偿金。2022年，政府成立了一个独立委员会对此事件进行调查，并在2023年公布了最终的调查报告。

② 自2013年起，荷兰政府一直使用人工智能算法对儿童福利领取者进行欺诈情形筛查。2013~2018年，该算法将大量移民和低收入家庭误判为欺诈性领取者。2019年，一名举报者揭露了这些错误决策，人工智能算法存在的偏见问题随之公之于众。2020年，这一丑闻引起了广泛民愤，最终导致该系统被关闭，受影响家庭获得相应赔偿，该届政府官员于2021年1月引咎辞职。此后，荷兰政府采取措施加强对公共部门人工智能算法的监管。

③ 2016年，美国宾夕法尼亚州的阿勒格尼县引入了阿勒格尼县儿童虐待预防和保护预测系统（AFST）。该系统旨在通过整合卫生、福利和司法系统的各类信息，以尽早识别可能面临虐待风险的儿童。然而，该系统的准确性和伦理问题遭到怀疑，这促使一线社会工作者参与协助，对其算法进行调整。同时，部分人担心该算法可能对特定种族和贫困群体存在偏见。2019~2020年，该系统的算法和数据得到进一步优化，尽管仍面临不少争议，但该系统在预防儿童虐待方面仍被认为有一定的积极作用。

力以解决此类问题。①

对于批判人工智能算法偏见的反驳亦值得探讨。如前所述，应该对人工智能算法进行持续的监控与批判性审视。然而，此举不应成为一线管理机构采纳基于人工智能的自动化决策管理的障碍。一项近期的调查显示，美国的受访者认为，在一些有关复杂决策或直接关乎人类生命安全的领域——自动驾驶汽车和医疗保健，需审慎应用或拒绝应用人工智能。不过，也有53%的受访者表示，人工智能在改善偏见或消除基于种族、肤色的歧视方面或能起到更显著的效果（Faverio & Tyson, 2023）。由于人类管理者自身会带有的偏见以及外界的干扰，对人工智能算法实施监控，并探索人类与人工智能协同工作的可能方案，才是更现实的选择。当然，倘若人工智能超越了人类智能，可自行做出价值判断，并且拒绝被纠偏时，就完全另当别论了。

（3）基于人工智能的自动化决策管理是否造成对一线社会工作者裁量权的挤压？许多国家在福利管理中迅速推广应用了使用人工智能的自动化决策管理。一方面，人工智能会使一线福利管理人员对系统产生依赖，进而难以行使人类的裁量权或进行自主判断。这种现象在警察和社会保障领域专业人士的行政决策中屡被提及。在公共管理领域，一定的自由裁量权是很有必要的，因为在将法律与指导方针所规定的抽象规则应用于现实生活中的具体案例时，必须顾及个体或家庭的特征，做出个性化的判断。例如，在访谈涉嫌虐待儿童的父母时，社会工作者除了要解读数据所能提供的信息，还要解读态度、价值观等多维度信息，以做出符合儿童最大利益的决策。该决策可能与指导方针的规定有所不同，但这恰恰是有必要保留并行使自由裁量权的原因。另一方面，人工智能也被认为难以适应性针对个体条件和特征做出灵活决策。因此，如果人工智能系统被广泛普及，那么社会工作者将不得不通过机械地比照监管系统来履行职责，而非依据服务对象的具体境况行使裁量权（Bovens & Zouridis, 2002; Vredenburgh,

---

① 当一家由政府支持的大型公司以知识产权为由拒绝公开其人工智能算法，并威胁退出该国时，该如何应对？关于这一问题的讨论，可参考 Wheeler（2023）的研究。

2023）。这就意味着，在与社会保障相关的工作中，能够弥合系统与现实之间差距的自由裁量行为将会受到挤压。当然，反驳此类观点的意见也值得参考。行为心理学家桑斯坦（Sunstein）指出，在行政决策过程中，有必要缩小自由裁量判断的范围，并考虑官僚决策在多大程度上能够免受外界干扰和偏见的影响。他以庇护决策为例揭示出，相同条件下的申请者能否得到庇护的决定往往会有不一致的结果，以及庇护决定受肤色、旅行风险等偏见影响的频率之高。即使我们承认福利管理需要裁量权，但自由裁量存在的问题更需引起重视。基于此，桑斯坦建议，对人工智能算法进行评估和优化，以辅助个案工作者进行决策，以此来有效减少行政决策中的干扰，并保障裁量权的合理行使（Sunstein, 2022）。诚然，目前的人工智能已趋近于人类的智能水平，但仍存在诸多待解难题。因此，我们亟须制度化人工智能算法的披露、审查及修改机制，并思考人类如何与之协同合作。

（四）以人为本的数字化转型是否可能？

尽管数字技术的进步给人们带来了诸多便利，但是也有人担心新兴人工智能可能导致人类走向灭亡。回顾过去30年的数字化应用发展历程，不难发现此类担忧并不夸张。很多国家已将数字技术广泛应用于简化管理流程、研发先进武器以及强化监控体系。社会保障部门也不例外。许多国家已采用社会保障信息系统来简化资格审核和福利发放，且近年来，大数据与人工智能技术被用于监测和惩治骗保行为。当然，越来越多的人认为，有必要通过制度化的监管来控制这些风险。在此背景下，一个亟待探讨的问题是：这一技术变革如何能够有效推动危机重重的社会保障系统从效率导向转向以人为本（Lee-Archer, 2023）？

数字技术在增进社会保障领域的公民福利和社会权利方面蕴含着巨大的潜能。尤为重要的是，数字技术的发展有可能推动实现普遍性的社会保护，而这一点却是现行体系在当下快速变化的经济和社会环境中无法实现的。这里的潜能主要包括以下几个方面。

第一，数字技术的应用使应对传统社会保险基础薄弱问题的新社会保护系统成为可能。数字技术显然有助于构建一个覆盖全体公民的、可持续的社会保护体系。事实上，近期一些国家的案例表明，数字技术显著降低了非典型工人和个体经营者、自雇人士等弱势群体参加社会保险和缴纳保费的门槛（Winkler et al.，2017；IBRD & World Bank，2024）。税务管理与社会保障数据的有机联动，已然创新了社会保险的收缴与福利发放机制，推动了基于单一收入概念的保费收缴系统的建立，使试验新的社会保险成为可能。此外，当前已具备条件来打造一种超越传统社会保险的全新的社会保障范式，即一个兼具个性化和普遍性特征的社会保障体系正成为可能。

第二，人工智能分析和预测能力的提升可以促进循证决策。建立综合数据分析系统有助于提高制度设计、政策实施与政策评估的准确性和客观性。在具体的实践中，此类技术正在被应用于对个人就业与收入水平的诊断、福利服务与需求的精准匹配、工作流程的优化缩短，以及最优再分配模型的探寻。此外，人工智能在填补社会保障缺口、为疾病风险人群等弱势群体提供预防性或定制化支持方面的应用也日趋广泛。尤其值得一提的是，依托医疗保险大数据，人工智能分析系统正在助力识别个体的健康风险因素，并据此提供及时的预防或诊疗信息。诚然，在应用技术的同时，尚需应对诸多技术与政策层面的挑战，如隐私泄露和技术错误等问题，但不容忽视的是，技术应用所带来的积极影响也是深远的。

第三，推动民众支持以人为本理念的数字化转型会更加容易。数字技术能够使所有公民无障碍地获取社会保护服务，而不受时间、空间和语言的限制。许多国家已开始使用相应系统，可使公民通过线上平台或移动设备申请福利或服务、自动缴纳保费，以及通过网上银行接收现金福利等。聊天机器人的引入则有效促进了民众与服务提供方之间的双向互动，加速了政策反馈与进程优化。公民对这些变化非常满意，这也将促进他们对社会保障领域数字化转型和相关政策制定的支持。例如，数字技术不该成为老年人、残障者等社会弱势群体的新障碍，而应致力于提升服务的可及性和适用性。

公共部门尤其是社会保障领域的数字化转型之所以未能关注到上述

可能，不是因为数字技术本身的局限性，而是因为福利政治和官僚体制的制约。前文所提及的社会保障新图景，凭借现有的数字技术即可实现，并且已经在部分国家得到实践。不过，只有在构建一个新的信息系统所需的先决条件完备时，包括社会保障系统的标准化与一体化、改革与个人信息和数据互联使用的制度，以及进行组织改革以整合业务流程等，社会保障的新图景获得成功的可能性才会更大。但问题是，大多数政府和政党往往倾向于回避改革社会保障制度的责任，而非主动担当。原因在于，转变社会保障范式、整合碎片化的制度体系、重塑组织架构伴随着相当大的冲突与挑战。尽管如此，公共部门尤其是社会保障领域的数字化转型，已势在必行。这一进程要求我们深入思考数字化转型的长远愿景和战略选择：如何重构现有的团结原则，如何分配数字经济的成果，如何有效管理社会冲突，以及如何赢得民众的支持。这都是我们要回答的问题（OECD，2024c：117-139）。

三　韩国社会保障数字化转型的诊断与分析

（一）数字经济的增长及其影响

包括信息通信技术在内的数字经济在韩国经济中的占比如何？数字技术的应用深度与数字化转型的准备情况又如何？首先，看一看韩国数字经济的规模有多大。如前所述，目前国际社会尚未就数字经济规模的测量标准形成共识。韩国政府采用的是数字产业（digital industry）的概念，与前文图1中的数字产业（digital sector）概念相近。据此标准，2022年韩国数字产业的收入预计占所有产业总收入的13%（MSIT & KISDI，2024：26）。而据一家私营机构的近期分析预测，到2028年，韩国数字经济占GDP的比重将提升至31%（O'Grady et al.，2024）。其次，2022~2023年，韩国企业的数字技术应用程度相较其他国家处在较高的水平，所涉数字技术涵盖物联网、大数据分析和人工智能等领域。值得注意的是，员工规模超过250人的大型企业对数字技术的应用较低，而员工人数在10人及以上的企业中，数字技术的普及率相当高（OECD，2024a）。最后，政府在构建人工智能生态系统及推进数字化转型方面的准备情况也非常值得关注。近期一项研究表明，数据利用等一些指标尚显准备不足，而创新能力、人力资本等一些指标则相对较好（Oxford Insight，2023：47）。当然，对这些研究发现的解读也须审慎。

那么，数字化应用对韩国就业市场究竟产生了何种影响？从现有迹象来看，数字化应用似乎对就业状况产生了负面影响。继20世纪90年代制造业实现自动化之后，新一代自动化技术与人工智能深度融合，使得数字技术的影响范围从制造业扩展至所有行业，但目前尚未能创造足够的新就业机会来抵消数字技术的冲击。韩国长期以来一直都是在制造业中使用工业机器人最多的国家之一。截至2022年，韩国的机器人密度居于全球先列，每万名工人拥有的机器人流程自动化（RPA）设备超过1000台，是机器人使用率最高的国家之一（IFR，2024a）。不过，已有近期研究表明，尽管自动化对韩国制造业的就业岗位产生了负面影响，但实际的失业规模并未如人们担心的那般庞大（Kim，2021）。正因如此，有人认为现有评价夸大了自动化对就业的冲击。事实上，这很可能是因为传统的机器人流程自动化设备主要应用于电子、半导体和汽车等少数行业。但人们也普遍认为，新的自动化将取代一些非重复性和认知性的工作，即一些有着较高收入和需要较高受教育程度的工作岗位将被取代（Han & Oh，2023）。另有研究指出，与人工智能技术相关的行业可能面临岗位减少和工资增长放缓的困境（Han，2023）。总之，新一代自动化技术对就业市场的影响仍需进一步的研究与探讨。

值得注意的是，新一代自动化技术凭借其较低的成本和便捷的应用特性，已在众多行业中得到应用。例如，在中小型制造和服务行业中，基于人工智能的机器人的使用率正出现迅速增长（IFR，2024b；DAI，2023）。在韩国，人工智能与机器人技术不仅应用于中小型制造业，而且也被广泛应用于法律、旅游、餐饮、会计和客户管理等诸多服务行业。正如前文所述，在韩国，员工人数在10人及以上的企业中，数字技术的高普及率就证实了这一点。数字技术的影响已不再仅仅局限于重复性的任务，人工智能也已开始影响高度非重复性的任务，甚至能够替代小型服务业中的简单劳动力。不过，若想对这些变化对整个劳动力市场的影响加以实证分析，可能还需要一些时日。

总而言之，考虑到近期数字技术的迅猛发展与其被接受程度，我们可以做出以下预测。（1）基于人工智能的新一代自动化技术将对各领域工作岗位产生全方位影响（Hong，2023）。这是因为新一代自动化技术在成本上对小中型企业而言更加友好，且基于自然语言的生成式人工智能已在小型服务行业中获得了认可。（2）新一代自动化技术对就业市场的影响可能表现为收入不平等的加剧，这个风险也越来越大。劳动力需求的增长可能无法满足那些希望通过再培训获得更好工作岗位的失业者。此外，对于那些就业状况不稳定的弱势群体而言，韩国失业保险及其他社会保障制度的收入再分配效用极为有限。这也正是我们认为数字技术和新一代自动化技术可能会加剧收入不平等的原因。

（二）公共部门的数字化应用：聚焦社会保障

在韩国数字化应用的发展中，政府的政策引导、财政扶持与制度建设发挥了非常重要的作用。即便在政权交替之际，培育促进数字经济也始终是一贯的政策立场。以下将探讨数字化应用在各发展阶段的技术演进及政府所扮演的角色。①数字化阶段（20 世纪 80 年代末至 90 年代）。如前所述，这一阶段主要是信息由模拟向数字形态转换的阶段。1987 年，韩国政府启动了电子政务（e-Government），推动各类行政事务的计算机化。1993年，为解决向信息社会过渡进程中的政策问题，韩国颁布《信息化促进框架条例》（Framework Act on Informationalization Promotion）。此后，该条例被视为韩国建设信息基础设施和促进信息技术应用的制度基石。次年，韩国成立信息通信技术部，专司数字化应用事务，并制定了《国家信息化实施计划》（National Informationization Implementation Plan）。②数字化应用阶段（1998~2018 年）。这一阶段以变革组织结构和工作流程为核心，公共部门信息系统建设也由此拉开帷幕。2001 年，金大中政府颁布《电子政务法》（EGA），旨在系统化、实质性地推进行政领域的数字化应用转型。该政策框架在继任政府中得以延续，就此建立并整合了韩国政府部门的核心信息系统。此外，2011 年，韩国提出《智慧政府推进计划》（Smart Government Promotion Plan），移动技术与云服务应用的相关政策亦随之推行。③数字化转型阶段（2019 年至今）。这一阶段是数字化转型的开端，伴随着数字化应用水平的不断提升，系统架构、组织形态及文化层面已发生变化。韩国政府在 2019 年提出了"人工智能国家战略"（National Strategy for Artificial Intelligence），2020 年提出了"数字新政"（Digital New Deal），将数字化转型确定为国家发展的核心战略。在此背景下，韩国政府着力培育数据经济、人工智能及 5G 网络等核心技术，同时加强对个人信息保护和数据管理的制度性规范。为此，韩国将此前分散于各部的力量予以整合，于 2020 年 8 月正式成立个人信息保护委员会（PIPC）并赋予其实质性权力。此外，2018~2019 年，几乎所有部委的信息系统均经历了整合与重组，而对既有系统、组织及工作流程的创新探索亦全面铺开。同一时期，社会保障领域的信息系统也迎来重大整合。本届政府的政策框架与前几届政府并无显著差异，均致力于培育数据经济，打造数字平台型政府。为此，韩国设立总统直属的数字平台政府委员会并投入运作，以鼓励公共服务领域积极应用数字技术，并通过公私协作机制为其提供有力支持。

现在，让我们简要回顾一下韩国社会保障领域数字化应用和数字化转型的进程。①尽管政府已做出整合信息系统的尝试，但韩国社会保险的数字化应用目前仍由各个社会保险单位分别管理。这与社会保险的联合属性密切相关。2006 年，韩国政府提出一项宏大的整合计划，意将对四大社会保险①的征缴与支付系统进行一体化改造。然而，此举遭到各社会保险管理机构的强烈反对，最终仅实现了征缴系统的整合，可谓功成一半，由国家健康保险服务（NHIS）负责整合后的社会保险征缴系统。当然，即使只达成了统一征缴，对社会保险的发展来讲也不无成效。②除社会保险外的其他社会保障系统，则由社会保障信息系统（ISSS）统一管理。该系统是

---

① 韩国四大社会保险项目包括健康保险、国民养老金、失业保险和产业灾害补偿保险（一般对应中国的工伤保险）。

一个集成各类社会保障体系的庞大信息系统，已成为公共部门数字化应用和数字化转型的试金石。该信息系统的核心功能包括确认各类福利待遇的资格条件、开展收入与财产状况调查、进行福利待遇计算与发放，以及实现与外部信息系统的数据对接，并借助人工智能推动业务创新。2010 年，韩国社会保障信息服务（KSSIS）的设立标志着韩国社会保障领域正式启动数字化应用进程。自此，各类社会保障系统得以在一体化流程中进行综合管理，自动化决策管理技术也开始应用于众多业务当中。2020 年，新一代社会保障信息系统的建立，则可被视为社会保障领域数字化转型的开端。新一代社会保障信息系统是一个涵盖收入保障、社会服务和公共医疗保健的综合性信息系统，韩国政府在设计与搭建该系统的过程中便纳入诸多创新性举措，包括：对各个子系统内的家庭概念、资格条件、收入及资产等要素进行标准化处理，优化创新现有系统和业务流程以确保其在整合过程中能有效适配。这一宏大项目的最终目的是建成集成化的社会保障数据、开发并应用基于大数据的人工智能程序，以及建立健全政策评估与政策模拟系统。该系统在 2021 年 9 月顺利启动了第一阶段，但在 2022 年 9 月推进第二阶段时遭到挑战，第三、第四阶段的启动工作亦随之推迟。该系统的开发直至近期方才重启。

（三）转型期社会保险面临的挑战：结构性风险

以下就韩国社会保障的现状及其面临的数字化转型压力进行剖析。就其当前形态而言，韩国现行社会保障体系相对较新；如果我们将其视为由社会保险、社会津贴、公共援助和社会服务构成的体系，那么从 1998 年（失业保险扩展之际）至 2018 年（儿童津贴引入之时），这一体系已经历 20 年的发展完善。[1] 这或许正是韩国被称为后发福利国家的原因。不过，

---

[1] 在韩国，面向公共援助对象、政府公务员及军人的部分社会保险项目最早于 20 世纪 60 年代开始实施，而大多数其他社会保险项目则是在 70 年代和 80 年代逐步推出的。1989 年，健康保险实现了全民覆盖，但直到 1998 年、1999 年，失业保险和国民养老金才先后扩展到所有受雇者和工薪阶层。作为典型的公共援助项目，基本生活保障体系在 1999 年进行了重组，将保障范围扩展至包括劳动适龄人口在内的所有贫困群体。然而，直到 2009 年，社会津贴和与社会服务相关的各类项目才真正得到大规模拓展。

尽管韩国社会保障体系起初是以社会保险为核心的体系，但其始终面临制度创新或范式转换的持续性压力，主要原因在于21世纪的经济环境并不利于社会保险的扩展和稳定。如果说1997年金融危机在政治层面为社会保险扩张提供了契机，那么随后的工业自动化、就业灵活化和数字化则削弱了这一传统社会保险的基础。

21世纪初以来，韩国一直在努力回应社会保险覆盖范围缺口、福利待遇水平及财务可持续性三个问题。确实，韩国政府进行了多项政策试点以解决这些问题，也有取得成功的案例。然而，这背后仍存在一些未解决的问题。（1）尽管国民健康保险的覆盖率很高，但个人承担的直接医疗费用负担依然较重。截至2021年，自愿参保和家庭自付费用占当期医疗费用的36.3%，在经合组织成员国中高居第三（OECD，2023：150）。（2）国民养老金的覆盖率偏低，且实际收入替代率极低，难以满足退休后的基本生活需求。大多数韩国公民的平均养老金为413000韩元，仅达到贫困单亲家庭基础生活保障标准（583000韩元）的71%（Statistics Korea，2024a：17）。出现这一现象的原因部分在于大多数老年人的参保年限较短，这也同时反映出大量劳动者难以持续稳定工作至法定退休年龄的现实困境。从数据来看，2022年，新晋养老金领取者的平均参保期限为231个月，仅为领取全额养老金的最长参保期限（40年）的48.1%，这也解释了为什么如今的实际收入替代率会比较低。（3）失业保险最大的问题是非正规劳动者、特殊就业劳动者及个体经营等自雇劳动者的覆盖率偏低。这些群体最具代表性，他们本该是所有社会保险均应覆盖的群体，但他们往往被其他社会保险项目排除在外。如表1所示，非正规劳动者的社会保险覆盖率在过去10间停滞不前。虽然该群体的健康保险和失业保险的参保率相对于四五年前有所上升，但国民养老金的参保率反而出现下降。

此外，亦需对除社会保险外的其他社会保障制度进行评估。这些社会保障制度包括公共援助和社会福利等选择性援助项目。在过去20年中，社会保险的普及化进程有所延缓，诸如贫困和社会排斥等社会问题的解决在很大程度上留给了这些选择性援助项目。然而，财政局并未放宽基础生活保障这一核心选择性项目的准入标准，而是采取了单项补缺的应对策略，即针对出现的问题逐个设立小型选择性援助项目予以应对。鉴于各项目的受益群体数量有限且福利水平偏低，这一策略并未产生显著的再分配效应；况且，在信息系统中实现对多个选择性援助项目的高效管理也存在难度。由于不同项目的资格标准、资产审查条目以及需整合的外部信息量持续增加，信息系统在设计、开发和运营过程中出现错误的风险亦随之增加。有鉴于此，这些碎片化的选择性援助项目亟须依据项目目标、受助对象及福利类型进行标准化优化与体系化重构。

表1 不同就业状态工资劳动者的社会保险覆盖率变化趋势

单位：%

		2014 年	2019 年	2023 年	2014~2023 年的变化
国民养老金	工资劳动者（A+B）	68.1	69.5	69.6	2.2
	-正规劳动者（A）	82.2	87.5	88.0	7.1
	-非正规劳动者（B）	38.5	37.9	38.4	-0.3
健康保险	工资劳动者（A+B）	71.5	75.7	78.9	10.3
	-正规劳动者（A）	84.2	91.5	94.3	12.0
	-非正规劳动者（B）	44.8	48.0	52.6	17.4
失业保险	工资劳动者（A+B）	68.9	70.9	77.0	11.8
	-正规劳动者（A）	82.0	87.2	91.9	12.1
	-非正规劳动者（B）	43.9	44.9	54.2	23.5

资料来源：Statistics Korea，2024b。

另一个值得关注的问题是，为什么各类社会津贴和社会服务在2009年前后开始正式引入或得以扩展？尽管各界对此有多种解释，但根本原因为，社会保险与公共援助体系的扩展进程相对迟缓，亟待破解"中间层缺失"的难题，即那些就业状况相对不稳定、收入水平偏低的社会群体以及作为福利国家核心支柱的中产阶级，未能享受到多少福利待遇（No et al.，2009）。在此背景下，诸如2009年的儿童保育补助、2010年的基础养老金以及2018年的儿童津贴等政策举措相继出台。在韩国社会中，社会津贴与社会服务的扩展始终是保守派与自由派争论的焦点，学生免费午餐政策和基础养老金制度就是典型例证。基础养老金原计划覆盖全体老年人，但是几经复杂的政治博弈，其最终只能覆盖收入最低群体的70%。尽管历经波折，但社会津贴和社会服务仍被认为在加强韩国中产阶级对福利国家的支持方面发挥了重要作用。

社会保险、选择性援助项目（特别是公共援助）以及社会津贴和社会服务所面临的挑战，与数字化应用及数字化转型密切相关。在数字经济迅猛发展的背景下，社会保险正面临其团结基础被弱化的严峻考验，但数字技术的持续进步也为其探索实施可实现转型的替代性方案提供了可能。同样，各种选择性援助项目和社会服务也存在借助数字化应用与数字化转型实现重构的空间，并使对这些复杂系统的客观评估和重构成为可能。总体观之，这种变革推动了社会保障领域的积极发展，尽管数字化应用和基于人工智能的自动化亦会带来较大风险。

（四）数据革命与韩国社会保险：影响路径的分野

如前所述，数据革命指的是数字技术在数据收集、管理、分析和利用方面所带来的根本性变化。狭义层面就是指人工智能技术的发展，即通过对大数据的深度剖析来发现此前隐匿的模式，并据此提供新的认识。然则，数据革命具有两面性：一方面，它拓宽了公民获取信息的渠道；另一方面，它不可避免地导致信息过载。值得一提的是，数据革命并不总是能够做出科学和中立的预测。此外还需强调，数据革命与社会保险之间的关系并非不受数据中所嵌入的偏见和错误信息的影响。数据革命的演进历程可划分为五个阶段：数据积累、数据整合、数据分析和利用、数据共享与开放、数据创新及其伦理。韩国对基于人工智能的分析和预测的应用停留在不同的项目层面，目前尚未覆盖整个社会保障体系，所以其数据革命进程大致处于第四阶段与第五阶段之间。

在韩国，数据革命对社会保险的影响存在差异。一些社会保险项目深刻受益于数据革命浪潮，而另一些项目受制于信息垄断或信息扭曲。值得关注的是，基于大数据与机器学习（ML）技术的分析能力提升，韩国在预测疾病成因、疾病发生概率及寿命等方面已取得突破性进展，并对私人保险市场的扩张产生了深远影响。以下将系统阐述数据革命对主要社会保险项目的影响，并探讨当前正在探索的替代性方案。

首先，鉴于公民医疗费用负担显著减轻的历史成效，健康保险拥有坚实的政治基础。但不容忽视的是，当前健康保险仍存在诸多挑战，且这些挑战在未来还有可能进一步加剧，具体包括：人口老龄化趋势导致医疗支出上升；家庭不堪重负；断缴或拒缴健康保险保费的现象增加；私人保险公司的积极介入。在此背景下，数据革命无疑正在加剧因缴费与受益失衡而引发的矛盾冲突，并在某种程度上助推了私人保险市场的扩张。尽管如此，尚难以断言数据革命已对健康保险的团结基础构成了实质性威胁。应引起注意的是，健康保险拥有强大的政策杠杆，能够有效调控私人保险机构及医疗保健服务提供方的角色与行为。就此而言，数据革命已在多个领域（如预测疾病成因和寿命等）取得显著成效，并有望在延长公民健康寿命和降低健康保险成本方面产生重大影响（Lee et al., 2023; Hong et al., 2023）。但在现实层面，数据革命推动了个性化医疗保健服务的发展，进而扩大了不同收入群体间的差距，并对健康保险的筹资造成负面影响。例如，私人保险公司正在借助人工智能技术对疾病成因及预期寿命进行精准预测，以低风险群体为目标客群，来实现利润最大化。此外，即便政府出台相关法规以防止对特定群体的排斥，保险公司仍有许多规避手段。这衍生出一个同步性难题，即私人保险市场的扩张影响了医疗支出的增长。更为严峻的是，人口老龄化正以迅猛态势发展，亟待应对。

其次，国民养老金是最为核心的养老收入保障制度，但民众的支持度相对较低，且围绕其改革的争议尤为激烈。数据革命可能违背国民养老金团结原则的潜在风险不容忽视。2023 年的一项调查显示，77%的受访者认为当局政党在过去一年中未能有效推进养老金改革，而 68%的 30 岁以下年轻人认为他们未来会领不到养老金。此外，更多受访者对与养老金改革计划相关的保险费上涨持负面态度（Korea Research, 2023）。当然还有其他一些调查的结果不尽相同，但不可否认的是，国民养老金体系正面临信任危机，且公众对保险费上涨的抵触情绪尤为强烈。韩国雇主联合会发布的一项调查结果显示，从 2023 年和 2024 年公民对国民养老金的态度变化来看，越来越多的公民对提高养老金保险费、提高收入替代率、延长参保期限以及推迟养老金领取年龄等改革提案持否定立场（KEF，2024）。不过，对这一调查结果可以做出不同的解读。公民很有可能会反对延长国民养老金的参保期限、反对推迟领取养老金的起始年龄。因为很多劳动者在达到法定退休年龄之前便已被迫退出劳动力市场，所以他们不愿意缴纳从退出劳动力市场到 63 岁或 65 岁这段时间的保险费，这是可以理解的。需要强调的是，雇主联合会明确反对提高退休年龄。公民不信任改革的另一原因涉及与特殊职业养老金相关的公平性问题。韩国政府宣称，2015 年的公务员养老金改革已有效缩小了其与国民养老金的收入替代率差距（MPM，2018）。相较于私营部门的雇员，公职人员的保险费缴纳确实期限更长、金额更高。但是，私营部门员工平均在 49 岁时便被迫离开主要工作岗位，且仅有 53% 的员工（截至 2021 年）参与了退休计划，他们可能并不是那些强烈反对缴纳更高保险费的主力人群。与其说国民养老金面临着被数据革命侵蚀其团结基础的风险，不如说国民养老金自身就是一个易被操控性或误导性信息影响的制度，因此，仅凭改革提案本身很难决定是否应该支持保险费上涨。虽然政府解释称国民养老金的回报率远高于私人保险，但民众为何高度不信任政府，这就有必要对其中的深层原因做出反思。有鉴于此，公开相关信息、客观地核验包括国民养老金在内的公共养老金体系的真实状况，就变得尤为迫切。

最后，尽管失业保险在收入保障与工作激励的双重目标之间摇摆，但其独特的属性使私人保险难以替代。这可以通过两个原因来解释。其一，诸如经济衰退或新冠疫情突发事件等不可控的相关性风险会导致失业增加，导致私人保险不会选择进入这一市场。其二，特定群体的失业风险显著高于其他群体，由于相关信息是公开的，保险的风险分担会变得困难。即便不借助大数据分析，韩国劳动者不同就业状态下的失业风险差异也是一目了然。一般而言，收入较高且职业稳定的全职员工，即便缴纳较高的保险费用，实际领取失业救济的可能性较小；相反，缴纳保费相对较低的临时工领取失业救济的可能性更大。即便多数全职员工确实领取了失业救济，较低的收入替代率也很难让他们维持失业前的生活水平。如果失业保险采用私营模式的话，这部分人势必不太可能自愿参保。这正是失业保险采取法律规定工薪阶层强制参保的原因。而这也恰恰揭示，失业保险的团结原则也是一个潜在的冲突来源。当然，这并不是说不存在改革或取代失业保险的呼声。时常有人呼吁调整失业救济金上下限、延长再次领取救济金所需的最低缴费期限等；也有人提议以个人账户取代失业保险。尽管此类建议并未转化为实际政策，但无疑反映了一种会冲击失业保险之团结原则的改革诉求。事实上，围绕失业保险改革争论所提出的许多提案没有得到充分的论证。这一方面由缺乏高质量的数据支撑和分析技术所致，另一方面也存在因利益冲突而发生扭曲性解读的问题。

韩国社会保险面临的挑战在于：如何将覆盖范围及征缴对象扩展至所有的劳动者和有收入群体，如何增进缴费与待遇的公平性，以及如何提升政策实施的有效性与透明度。克服上述挑战需要采取三项举措：（1）推动社会保险范式转变；（2）联通税务与社会保障信息系统（主要是收入信息联通）；（3）促进数据资源共享与创新发展。这三者紧密相连。具体而言，社会保障信息系统需接通国家税务服务信息系统，这一过程涉及收入信息的标准化处理，以及日结工、特殊就业形态劳动者及自雇者等的就业状况的动态调整。一旦上述改革措施及系统互通得以顺利推进，社会保险数据的价值将会迅速提升。如此一来，数据革命就将极大地助推社会保险领域的创新实践。

韩国政府在 2022 年前后推行的基于收入的社会保险改革主要实现以下目标：对全体公民或受雇群体采用统一的收入标准，以尽量扩大社会保险覆盖面、减少被排除在外的群体；减少与保险费相关的公平性争议，并提升对就业状态变动频繁的参保者的行政管理效能（Lee et al., 2023）。该改革举措与前序制度革新和信息系统整合等一系列尝试紧密相连；数字技术的进步也使改革成为可能，包括将失业保险的覆盖范围扩展至涵盖特殊就业形态及平台工作者等全体劳动者的提案（Related Ministries, 2020），以及对健康保险收费制度进行改革，以确保雇员与非雇员间的保费公平性的提案（MOHW, 2017），都有可能变为现实。在此过程中，最关键的是实现相关系统的标准化建设，以确保国家税务服务机构所采集的收入信息能够有效地应用于各类社会保险的申请（参保）和保费征缴环节，并在国家税务局和社会保险机构之间搭建一个收入信息联通系统。目前来看，尽管失业保险的覆盖范围已有所拓展，但各信息系统间的联动未见有何推进。总而言之，社会保险改革能否成功，更多地取决于政府推行政策的意愿与决心，而非技术层面的可行性。因此，基于国民收入的社会保险改革陷入停滞状态。

（五）社会保障数字化转型的尝试与错误：以社会保障信息系统为例

在韩国社会保障领域数字化转型背景下，社会保障信息系统尤其值得关注。该系统涵盖除社会保险外近乎全部的社会保障体系。过去 20 年间，韩国的社会支出一直在快速增长，但其在应对贫困、不平等及社会孤立等问题上仍面临诸多挑战。此外，随着韩国出生率持续走低与人口老龄化进程加快，公众对上述风险的认知与关切日趋深化。韩国的老年贫困率和自杀率在经合组织成员国中均为最高，这进一步揭示了问题的严峻性。尽管社会支出规模不断扩大，但韩国政府长期以来一直担心公民未能切实感受到其效果。当然，要想真正提升政策的有效性，必须转变社会保障体系的既有范式，对社会保障的交付系统进行重组，并进一步加大社会支出。

在 2010 年之前，除社会保险之外，韩国大多数社会保障体系由中央和地方政府以及各公共机构分别管理，相应的信息系统也未实现标准化。自韩国社会保障信息系统接管这些信息系统后，系统整合与标准化工作逐步启动，并最终形成了三大核心系统：（1）社会福利信息系统（SWIS），直接或部分地管理与支持了约 144 项福利项目，主要涉及选择性现金福利体系；（2）福利服务信息系统（WSIS），负责管理针对儿童、老年人、残疾人及青年群体的各种社会服务链接，同时负责管理各类服务提供者的运营系统；（3）公共卫生信息系统（PHIS），负责统筹管理公共卫生保健和健康保障服务，并支持公立医院、卫生中心等公共卫生机构的信息系统运行。

在以上三大信息系统的基础上，韩国社会保障信息系统开启了两项数字化转型实验。第一项实验聚焦社会保障业务流程的自动化改造。当前的半自动化系统是将从申请至福利给付的整个流程拆解为"资格审定""收入与资产核查""福利给付"等不同业务环节和流程，以此实现流程自动化。不过，将工作流程拆解为多个子流程来实现的自动化，必然要在每个环节都依靠行政人员施加干预。这也是有人批评数字化转型反而增加了行政人员的工作负担的原因。不过这一问题并非无解。① 还有一种批评认为，工作自动化削弱了行政人员的裁量权，不过这一问题尚未充分表现出来。这与以下两方面密切相关：一方面，过度的自由裁量权实则加重了工作人员的负担，并会引发更多投诉；另一方面，福利管理者实际拥有的自由裁量权依然有限。此外，目前的自动化程序尚未出现人工智能算法偏见的案例报道。不过，韩国并非多民族社会，宗教歧视的现象比较少见，所以发生特定偏见的概率也相对较低。但这并不意味着自动化程序就无懈可击，或者算法就完全无偏见。实际上，在庞大的信息系统中，大大小小的错误时有发生，偏见问题亦隐匿其中。第二项实验则是基于大数据与机器学习的人工智能程序开发。尽管该实验存在较强的局限性，但其确为韩国社会保障领域的数据革命奠定了基础。其中，最具代表性的项目包括：（1）儿童虐待调查；（2）福利盲点探测；（3）残疾人活动支持服务的利用状况调查；（4）独居者发现调查。其中，项目（1）因涉嫌侵犯隐私而遭到批评②，项目（3）则被指责助长了社会偏见与歧视③。此外，还有人提出，应加强对使用人工智能的自动化系统的制度性监管。近期公布的一项法律修正案草案也规定个人有权

① 在韩国数字化应用推进中，现有行政人员的工作负担之所以加重，主要是因为流程的半自动化增加了每个环节所需做出的决策的数量。

② 对涉嫌儿童虐待家庭的调查采用基于大数据训练的人工智能技术，对儿童出生记录、疫苗接种记录、就医记录及学校出勤情况等信息进行整合，但对儿童虐待高风险家庭的调查过程也引发了是否涉及隐私侵犯的争议。尽管存在争议，但公众坚定支持打击儿童虐待行为，因此该调查通过不断修改和补充算法得以持续开展。

③ 人工智能技术正被用于监测残疾人在接受护理和活动支持服务中是否存在不当行为，通过分析大数据，如残疾人使用服务的时长和实时位置信息等，进行有效监管。不过，有批评者指出，相较于其他群体，对残疾人服务的监管显得过于严苛。

利否决自动化系统做出的决策。① 不过也有人强调，对诸如独居儿童、独居老年人等高风险群体的干预措施不可或缺，因为现实中仅靠福利工作者和邻居无法解决这些人的问题，所以这些业务领域的人工智能赋能尤为必要。综合考量，自动化工作流程仍是最佳选择方案，但在实施之前需要制度化地进行充分的实验，确保算法的透明度，保障公民的申诉权利，并及时报告对系统错误的修正。

2019 年，韩国政府宣布了建设更新一代社会保障信息系统（next-generation social security information system）的计划（MOHW, 2019）。该项目亦属于一项数字化转型实验，目的在于借助数字技术实现对福利管理组织、体系及福利给付系统的全面重组，以更好地满足公民需求。提出这一项目，主要基于以下背景：（1）公民对优质服务供给有需求；（2）有必要对分散于各政府部门及地方层面的各种系统和项目进行综合管理；（3）系统间信息联动要求对各种既有标准进行一体化标准化建设。还需补充的是，随着社会服务的全面扩张，建设一套能够对社会服务进行综合管理的信息系统成为当务之急。事实上，当前的福利交付体系及其工作方法已无力有效管理日益加重的社会保障工作负荷，特别是基层福利管理人员的大量时间被对申领者的经济状况调查和福利发放等工作占据，实难再顾及提供咨询辅导、识别支援对象和支援目标等工作。与此同时，民众已逐渐适应自动化金融服务与电子商务带来的便利，故而也要求公共服务领域同样进行创新。此外，还需要一个新的信息系统，来高效利用社会保障信息系统中迅速累积的海量行政数据，以更好地支撑政策评估、制度设计优化及循证政策制定。

更新一代社会保障信息系统在项目设计上分为四个阶段，从 2021 年至 2023 年逐步推进。（1）第一阶段是建成一个在线系统，能让民众便捷地访问和申请各类社会保障福利与服务，并获取能满足其个性化需求的服务信

---

① 2024 年 3 月，个人信息保护委员会（PIPC）宣布修订《个人信息保护法实施令》，明确赋予数据主体对包括人工智能在内的全自动决策提出异议的权利。同年 7 月，个人信息保护委员会又发布了有关人工智能开发和服务过程中个人信息处理的操作指南，以及利用开放数据的相关处理标准。

息。（2）第二阶段是建成一个能够整合约 500 个中央与地方政府福利服务项目的集成系统，以对现金福利进行一体化统筹管理。（3）第三阶段致力于整合各种福利服务与福利设施信息系统，打造一个用户、设施管理者与服务提供者均可便捷使用的综合性信息系统。（4）第四阶段则聚焦构建一个综合性的数据管理系统，并依托大数据构建人工智能分析系统。遗憾的是，2022 年 9 月启动第二阶段建设时出现了错误，导致该项目在相当长的时间内未能正常运行。这在当时受到了社会舆论和国会层面的批评（BAI，2024）。

为何初衷良好的数字化转型项目会陷入困境？一般而言，信息项目失败的原因可归为以下五类：（1）需求不够明确；（2）规划与管理失误；（3）技术选择不当；（4）用户抵触；（5）组织管理失效。当然，现实中项目失败的原因可能错综复杂，布鲁克斯法则（Brooks' Law）就是一个例子。如果未能明确界定重组的方向和细节，就很难保证方案设计的特定性和一贯性；如果一个非专业的管理者执意采用错误的技术，方案的一贯性和协同性就很容易遭到破坏。在大型项目中，开发的复杂性会呈指数级增长，因此稳定的开发团队至关重要；在问题当口，草率地增加人手反而会使问题恶化（Brooks，1995）。更新一代社会保障信息系统项目所遭遇的挫折与上述问题大体相当。需要指出的是，在构建更新一代社会保障信息系统之前，应该先完成待开发系统的标准化及全面改造工作。这是因为，如果在数字化转型推进中未能对系统、组织和工作流程进行彻底改造（实现标准化与简化），就很难确保设计方案的特定性与一贯性，且随着设计复杂程度的提升，系统开发过程中出错的风险概率将呈指数级增长。数字化转型可实现复杂管理任务的自动化，将人类从繁重且重复的劳动中解放出来。但是，倘若所构建的信息系统过于复杂，则会适得其反。

因此，更新一代社会保障信息系统的实施虽未达到预期效果，但揭示了一个潜在的、更具战略远见的社会保障政策，也即，利用先进数字技术实现覆盖整个生命周期的全民普遍社会保障。

四　韩国社会保障数字化转型面临的挑战及对策建议

随着数字技术的发展，数字化转型已成为一个避不开的选择。而同样明显的是，数字技术特别是人工智能技术引发的风险也日益增多。此外，在当前非均衡竞争格局下，技术垄断现象及各国间激烈的技术角逐使国际社会达成共识的希望渺茫。正因如此，深入探究数字技术如何在具体实践中提升人类劳动与生活质量，就显得尤为重要。本文最后想再谈一谈这些挑战并提出相应的对策建议。

第一，对数字技术需进行辩证性审视与批判。诚然，人们自是会怀疑是否赋予大数据和人工智能过多的权力。不过，我们同样有必要更清楚地辨析数字技术固有的风险、简单技术的局限性，以及源于人类与组织自身的偏见。正如前文所述，许多在社会保障领域被诟病的人工智能算法的偏见，实则要么是简单的错误所致，要么就是公共组织中的结构性局限所致。因此，更深层次的问题或许在于，人工智能所依托的数据本身就蕴含着固有的偏见，而这些偏见来源于数据主体，也就是我们人类自己。

第二，数据革命与人工智能对社会保障的影响尚不确定。如前所述，我们探讨了数字经济和数据革命对现行社会保障体系可能带来的改变。韩国不大可能遵循欧洲福利国家的传统社会保险模式下成熟与危机并存的发展路径。这一论断可从数据革命的双重效应中得到佐证：一方面，它正在不断侵蚀传统社会保险的薄弱环节，并催生私人保险领域的扩张和市场化；另一方面，它也在借助数字技术开辟新的团结范式。然而，政治领域的博弈、政党规避责任的倾向以及官僚组织的僵化，可能成为阻碍此类改革的主要因素。尤其是，2022~2023年社会保障领域数字化转型过程中出现的诸多问题，可能会给改革带来负面影响。因此，要想持续推进基于收入的社会保险体系建设，我们需要一套更精细的数字化转型策略。

第三，聚焦数字技术在社会保护领域的变革性潜力。数字技术能够促进社会保障体系的转型。事实上，数字技术已成功帮助许多国家将先前被排除在社会保险体系之外的劳动者纳入保障范围，并推动解决了福利待遇与服务提供中的偏见和干扰问题。只不过这些贡献目前在一定程度上被其潜在风险抵消。但还是可以说，韩国基于收入的社会保险之所以能展现其潜力，数字技术的进步功不可没。此外，构想一套无须申请即可针对个人需要提供个性化福利和服务的新型社会保障系统已不再遥不可及。

第四，亟须加速制定人工智能算法的监管措施。过去 10 年间，韩国社会保障信息系统一直在持续推进其业务流程的自动化，其间也遭遇了大大小小的问题和挑战。当然，韩国未出现过类似荷兰儿童福利欺诈丑闻那样明显对特定种族或群体带有歧视的错误，同时也没有出现强烈批评该系统对社会工作者的裁量权构成威胁的声音，但这并不意味着也不能保证未来局势会保持稳定。相反，随着人工智能算法出错率的降低以及公民对其信任度的提升，此类问题反而更易出现。有鉴于此，亟须在相关问题变得更庞大、更复杂、更难以管控之前，迅速制定针对人工智能算法和自动化风险的制度化监管措施。同样，随着福利管理领域自动化程度的不断提升，福利管理人员可能会更加依赖系统进行决策，这就提醒行政人员有必要在与自动化决策系统协同工作和行使自由裁量权之间更好地找寻平衡。

第五，变革社会保障领域的政府组织、业务流程及文化。若想通过数字化转型实现组织、业务流程及组织文化对数字环境的适应，就必须改变业务流程以适配技术环境，并据此对组织及其文化进行相应变革。依托数字技术实现的自动化具备通过整合和链接业务流程提升效率的潜力。工作流程的整合将进一步影响组织结构的变化。不过，韩国社会保障领域的数字化转型尚未达到这一阶段。因此，我们亟须深入反思，如何以民主且灵活的方式推动日益庞大的公共部门实现转型。

参考文献

Alkhatib, A. & Michael Bernstein. 2019. "Street-Level Algorithms: A theory at the Gaps Between Policy and Decisions." CHI Paper, May 2019.

Bovens, M. & Zouridis, S. 2002. "From Street-Level to System-Level Bureaucracies: How

Information and Communication Technology Is Transforming Administrative Discretion and Constitutional Control." *Public Administration Review* 62（2）.

Brooks, F. 1995. *The Mythical Man-Month：Essays on Software Engineering*. Boston：Addison Wesley.

Brynjolfsson, E. & McAfee, A. 2013. *The Second Machine Age：Work, Progress, and Prosperity in a Time of Brilliant Technologies*. New York：W. W. Norton & Company.

CDDG. 2021. "Study on the Impact of Digital Transformation on Democracy and Good Governance." European Committee on Democracy and Governance（CDDS）Report.

Chui, M., et al. 2023. *The Economic Potential of Generative AI*. McKinsey & Company.

Eubanks, V. 2018. *Automating Inequality：How High-Tech Tools Profile, Police, and Punish the Poor*. New York：St. Martin's Press.

Faverio, M. & Tyson, A. 2023. "What the Data Says about Americans' Views of Artificial Intelligence." Pew Research Center, November 21, 2023. https：//www. pewresearch. org/shortreads/2023/11/21/what-the-data-says-about-americans-views-of-artificial-intelligence/.

Filippucci, F., et al. 2024. "The Impact of Artificial Intelligence on Productivity, Distribution and Growth：Key Mechanisms, Initial Evidence and Policy Challenges." OECD Artificial Intelligence Papers, No. 15, avril 2024.

IBRD & World Bank. 2024. "Rethinking Social Insurance for Self-Employed and Gig Workers." *Knowledge Brief Series* 23.

IFR. 2017. "The Impact of Robots on Productivity, Employment and Jobs：A Positioning Paper by the International Federation of Robotics." April 2017.

IFR. 2024a. "Global Robotics Race：Korea, Singapore and Germany in the Lead." IFR Press Releases, Jan 10, 2024, https：//ifr. org/ifr-press-releases/news/global-robotics-race-korea-sin gapore-and-germany-in-the-lead? utm_source＝chatgpt. com.

IFR. 2024b. "World Robotics 2024：Industrial Robots." https：//ifr. org/img/worldrobotics/ Foreword_WR_2024_Industrial_Robots. pdf.

ILO. 2021. "World Social Protection Report 2020 – 2022." https：//www. ilo. org/sites/ default/files/wcmsp5/groups/public/@ ed _ protect/@ soc _ sec/documents/publication/ wcms_817572. pdf.

Iversen, T. & Rehm, P. 2022. "The Data Revolution and the Transformation of Social Protection." In Busemeyer, MM. R. et. al. ed. *Digitalisation and the Welfare State*. Oxford：Oxford Univ ersity Press.

Johnson, G. M. 2021. "Algorithmic Bias：On the Implicit Biases of Social Technology." *Synthese* 198（2）：198.

Kahneman, D., Olivier Sibony, & Cass R. Sunstein. 2021. *Noise：A Flaw in Human Judgment*. William Collins.

Kim, Hye jin. 2021. "The Impact of Robots on Labor Demand: Evidence from Job Vacancy Data in South Korea." Bank of Korea, WP 2021-19.

Korea Research. 2023. "(Special Edition) Change in Perception of the National Pension Service and Preferred Reform Direction." source: https://hrcopinion. co. kr/ archives/27499.

Lane, M. & Anne Saint-Martin. 2021. "The Impact of AI on the Labor Market: What do We Know So Far en." *OECD Working Papers* 3.

Lee-Archer, B. 2023. "Effects of Digitalization on the Human Centricity of Social Security Administration and Services." *ILO Working Paper* 87.

Levitsky, S. & Ziblatt, D. 2018. *How Democracies Die.* New York: Crown Publishing.

Lipsky, M. 1980. *Street-Level Bureaucracy: Dilemmas of the Individual in Public Services.* New York.

Loi, M., et al. 2021. "Automated Decision-Making Systems in the Public Sector : An Impact Assessment Tool for Public Authorities." Algorithm Watch.

MacFeely, S. 2020. "In Search of the Data Revolution: Has the Official Statistics Paradigm Shifted?" *Statistical Journal of the IAOS.*

Manyika, J. & Sneader, K. 2018. *AI, Automation, and the Future of Work: Ten Things to Solve for.* McKinsey & Company.

Markets & Markets. 2024. "Digital Transformation Market Size." Trends & Growth Report, 2030.

McKinsey & Company. 2023. "What's the Future of Generative AI?" An Early View in 15 Charts.

Mergela, I., Edelmannb, N., & Hauga, N., 2019. "Defining Digital Transformation: Results from Expert Interviews." *Government Information Quarterly* 36.

Miller, B. 2021. "Is Technology Value-neutral?" *Science, Technology, & Human Values* 46 (1).

OECD. 2003. "Seizing the Benefits of ICT in a Digital Economy. " OECD Digital Economy Papers No. 72, 17 April 2003. https://dx. doi. org/10. 1787/233143713543.

OECD. 2020. "Guidelines for Supply-Use Tables for the Digital Economy." Working Party on National Accounts.

OECD. 2023. "OECD Health Statistics 2023."

OECD. 2024a. "OECD Digital Economy Outlook 2024, Volume 1." https://www. oecd. org/ content/dam/oecd/en/publications/reports/2024/05/oecd-digital-economy-outlook-2024-volume-1_d30a04c9/a1689dc5-en. pdf.

OECD. 2024b. "The Impact of Artificial Intelligence on Productivity, Distribution and Growth." https://www. oecd. org/content/dam/oecd/en/publications/reports/2024/04/the-impact-of-artificialintelligence-on-productivity-distribution-and-growth_d54e2842/8d900037-en. pdf.

OECD. 2024c. "Survey on Drivers of Trust in Public Institutions－2024 Results：Building Trust in a Complex Policy Environment." https：//www. oecd. org/content/dam/oecd/en/publications/reports/2024/07/oecd-survey-on-driversof-trust-in-public-institutions-2024-results_eeb36452/9a20554b-en. pdf.

Oxford Insights, 2023. "Government AI Readiness Index 2023."

O'Grady, M., et al. 2024. "Global Digital Economy Forecast, 2023 to 2028." *Forrester Report*, July 2024（https：//www. forrester. com/report/global-digital-economy-forecast-2023-to-2028/RES181192.

O'Neil, Cathy. 2016. *Weapons of Math Destruction：How Big Data Increases Inequality and Threatens Democracy*. 1st ed. Crown, New York.

Qureshi, Z. 2022. "How Digital Transformation is Driving Economic Change." World Economic Forum.

Raine, L., et al. 2022. "Ai and Human Enhancement_Americans' Openness is Tempered by a Range of Concerns." Pew Center REport, March 2022.

Standing, G. 2011. "The Precariat：The New Dangerous Class." Bloomsbury.

Sunstein, C. R. 2022. "Governing by Algorithm：No Noise and（Potentially）Less Bias." *Duke Law Journal* 71（6）.

Susskind, Daniel. 2020. "A World Without Work：Technology, Automation, and How We Should Respond." Metropolitan Books.

Vredenburgh, K. 2023. "AI and Bureaucratic Discretion." *Inquiry*：1－3a.

Wheeler, T. 2023. "The Three Challenges of AI Regulation, Brookings Commentary." June 14, 2023, https：//www. brookings. edu/articles/the-three-challenges-of-ai-regulation/.

Wim Naudé. 2024. "Will Artificial Intelligence Cause an Economic Growth Explosion." In OECD AI Policy Observatory, Feb. 2024, https：//oecd. ai/en/wonk/will-artificial-intelligence-cause-an-economic-growthexplosion；accessed July 21, 2024.

Winkler, H., et al. 2017. "Expanding Social Insurance Coverage to Informal Workers." *World Bank Group*, *Jobs Working Paper* 6.

World Bank. 2024. "Digital Progress and Trends Report 2023. " https：//openknowledge. worldbank. org/server/api/core/bitstreams/95fe55e9-f110-4ba8-933f-e65572e05395/content.

Zetterholm, M. V., et al. 2021. "Digital Contact Tracing Applications During COVID－19：A Scoping Review About Public Acceptance." *Informatics* 8（3）：48.

Zimmermann, Annette & Chad Lee-Stronach. 2021. "Proceed with Caution." *Canadian Journal of Philosophy* 52（1）.

BAI .2024. "Audit Report: Status of the Project to Build the Next Generation Social Security Information System." National Audit Office, July 2024 (감사원(2024a), 감사보고서: 차세대 사회보장정보시스템 구축사업 추진실태, 감사원, 2024년 7월).

Lee, Byung-Hee, et al. 2023. "Innovations in Income-Based Social Insurance." Economic and Humanities Research Council (이병희 외(2023), 소득기반 사회보험 혁신, 경제인문사회연구회).

No, Dae-myung, et al. 2009. "A Study on the Feasibility of Introducing a Social Allowance System." Korea Institute of Health and Social Affairs [노대명 외(2009), 사회수당제도 도입타당성에 대한 연구, 한국보건사회연구원)].

No, Dae-myung, et al.2020. "A Study on Reorganizing the Social Security Paradigm According to the Diversification of Employment Types." KIHASA [노대명 외(2020), 고용형태 다변화에 따른 사회보장 패러다임 재편방안 연구, KIHASA].

DAI. 2023. "The Artificial Intelligence (AI) Playbook: Use Cases Across Six Industries." Deloitte AI Institute, Deloitte Insights, August 2023 (English) [딜로이트연구소(2023), 인공지능(AI) 활용서: 6대 산업별 활용사례, Deloitte AI Institute, Deloitte Insights, 2023년 8월].

Heon-Jung Lee. 2023. "Public Sector Digital Transformation Trends Focusing on Digital Public Services." KICS, <Information and Communication>, May 2023, pp.22-31 [이헌중(2023), 디지털 공공서비스를 중심으로 본 공공부문 디지털 전환 동향, KICS, <정보와 통신>, May 2023, pp.22-3(1)].

Jihyun Cho et al. 2023. "A Study on How to Implement Government Innovation Through the Implementation of Digital Platform Government: Focusing on the Utilization of Work Automation and Artificial Intelligence Technologies such as RPA." KIPA [조세현 외 (2023), 디지털플랫폼정부 구현을 통한 정부혁신 이행방안 연구: RPA 등 업무자동화 및 인공지능 기술 활용을 중심으로, KIPA].

Han, Ji-Woo & Sam-Il, Oh. 2023. "AI and Labor Market Transformation, Bank of Korea." BOK Issue Note No. 2023-30, November 16, 2023 [한지우 & 오삼일(2023), AI와 노동시장 변화, Bank of Korea, BOK 이슈노트 제2023-30호, 2023년 11월 16일].

KEF. 2024. "2024 National Pension Issues Public Awareness Survey Results." Korea Employers Federation, July 2024 [한국경영자총협회(2024), 2024 국민연금 현안 대국민 인식조사 결과, July 202(4)].

MOHW. 2017. "Health Insurance Fee Charging System Reform Plan." Ministry of Health and Welfare, Explanatory Document, January 2017 [보건복지부(2017), 건강보험료 부과체계 개편방안, 설명자료, 2017년 1월].

MOHW. 2019. "Basic Direction for Reorganization of Social Security Information Delivery System." Ministry of Health and Welfare, April 11, 2019 [보건복지부(2019), 사회보장 정보전달체계 개편 기본방향, 2019년 4월 11일].

MOI. 2016. "E-Government 2020 Basic Plan: E-Government to Delight the People with New Digital Experiences." Ministry of the Interior (MOI), April 2016 [행정안전부(2016), 전자정부 2020 기본계획 : 새로운 디지털 경험으로 국민을 즐겁게 하는 전자정부, 2016년 4월 발표자료].

MPM. 2018. "Same Money Paid, but, 2.66 Million Won for Civil Service Pension and 1.56 Million Won for National Pension." Money Today, Aug. 17, 2018, Ministry of Personnel and Innovation, Explanatory Material, Aug. 18, 2018 [인사혁신처(2018), 같은 돈 냈는데…공무원연금 266만원·국민연금 156만원" (머니투데이, '18. 8. 17.) 등 보도에 대하여 다음과 같이 설명합니다, 설명자료, 2018년 8월 18일].

MSIT & KISDI. 2024. "2023 Digital Industry Survey." [정보통신기획평가원(2024), 2023 디지털산업 실태조사].

NIA. 2023. "2023 National Intelligence Informatization White Paper." Part 1: 30 Years of National Intelligence Informatization [한국지능정보사회진흥원IA(2023)_2023 국가지능정보화백서, 제1편 국가지능정보화 30년사].

PCDPG & NIA. 2024. "Guidelines for Adoption and Utilization of AI in the Public Sector." [디지털플랫폼정부위원회(2024), 공공부문 초거대 AI 도입·활용 가이드라인].

PCDPG. 2023. "Plan for the Realization of Digital Platform Government." April 14, 2023 [디지털플랫폼정부위원회(2023), 디지털플랫폼정부 실현계획, 2023년 4월 14일 발표자료].

Related Ministries. 2020. "National Employment Insurance Roadmap to Protect All Working People with Unemployment Benefits, Related Ministries." Press Release, December 23, 2020 [관계부처합동(2020), 모든 취업자를 실업급여로 보호하는 <전국민 고용보험 로드맵> 발표, 보도자료, 2020년 12월 23일].

Lee, Sang-Yeon et al. 2023. "Development and Utilization of Major Chronic Disease Incidence Prediction Model Using National Health Insurance Big Data." Korean Insurance Association, No. 133, Jan. 2023, pp.23-48 [이상연 외(2023), 국민건강보험 빅데이터를 활용한 주요 만성질환 발생률 예측모형의 개발과 활용, 한국보험학회, 제133호, Jan. 2023, pp.23-48].

Han, Yosef. 2023._ "Labor Market Changes and Policy Directions Due to Artificial Intelligence." KDI [한요셉(2023)_인공지능으로 인한 노동시장의 변화와 정책방향, KDI].

Hong, Seok-Cheol et al. 2023. "Estimating Future Disease Burden and Medical Costs Using Big Data from the National Health Insurance." *Economic Studies* 71(2): 5-55 [홍석철 외(2023), 국민건강보험 빅데이터를 활용한 미래 질병부담 및 의료비 추정 연구, 경제학연구, 71(2), pp.5-5(5)].

Hong, Seongmin. 2023. "A Review of the Emergence of Generative AI and Its Impact on Jobs." *Stepi, Ksdi AI Outlook* 13: 53-69 [홍성민(2023), 생성형 AI의 등장과 AI의 일자리 영향에 대한 소고, STEPI, KSDI AI Outlook, 2023년 vo.13, pp.53-69].

Statistics Korea. 2024a. "Pension Statistics Results for 2022." Statistics Korea, Press Release August 22, 2024 [통계청(2024a), 2022년 연금통계 결과, 통계청, 보도자료 2024년 8월 22일].

Statistics Korea. 2024b. "Economically Active Population Survey, Annual Data." [통계청(2024b), Economically Active Population Survey, Annual Data].

TTA. 2023. "Digital Platform Government Standardization Issues Report." Digital Platform Government Committee (TTA) (English) [한국정보통신기술협회(2023), 디지털플랫폼정부 표준화 이슈보고서].

韩国数字平台案例与提高信息可获取性的挑战*

〔韩〕 崔贞恩（Choi Jung Eun）

邓依瑶 译　张文博 译校**

摘　要：信息化在全球范围内的快速发展获得了积极的评价，但信息不平等问题也随之而来并引起关注。在福利领域，各国纷纷推出多样化的福利制度以应对新的社会风险。然而，福利使用者经常感到难以全面了解和有效利用这些福利信息。此外，由于不同人群的数字素养存在差异，部分人群能够快速适应并有效利用新的数字环境，但越来越多的边缘群体被排除在福利信息之外。针对这些问题，韩国推出了名为"福利会员制"的服务项目。这个项目旨在确保每个人和每户家庭都能及时享受到应享有的福利，它通过综合考虑不同人生阶段的收入水平、资产状况和个人特征，就必要的福利和服务主动为民众提供贯穿生命周期的信息指导。该项目已于2021年9月正式推出，并计划逐步覆盖全体国民。尽管数字平台在福利服务中发挥了积极的作用，但韩国的实际案例表明，个体在真正使用福利资源时仍面临诸多困难，亟须进一步优化。有鉴于此，为了增强民众的信息获取和处理能力，有必要构建一个全方位的信息联动体系、搭建一套高效的行政管理架构，同时提高民众对数字平台的认知水平。

关键词：信息不平等；福利会员制；数字平台；信息可获取性

一　引言

在全球范围内，先进技术的迅猛发展使各国的信息化水平得到快速提

---

* 本文在作者于2023年撰写的《福利会员系统使用现状分析及激活措施研究》报告基础上改写而成，作者系该研究项目的首席研究员。

** 作者简介：崔贞恩（Choi Jung Eun），韩国社会保障信息院研究员，主要研究方向为福利管理与信息化。译者简介：邓依瑶，中国社会科学院大学社会与民族学院社会工作专业硕士研究生。译校者简介：张文博，中国社会科学院社会学研究所助理研究员、中国社会科学院社会政策研究中心副秘书长，研究方向为老年政策、农村政策、基层社会治理。

升。人们认为，信息技术的进步将有助于解决复杂的社会问题。然而，持相反观点的人认为，这种信息技术可能会加剧现有的不平等。在此背景下，数字鸿沟（digital divide）问题以及数字可获取性（digital accessibility）概念成了各方讨论的热门话题。

不能仅从单一的视角来审视数字鸿沟，因为它不仅影响到国家和社会这样的集体，也直接关系到每个个体。随着时间的推移，数字鸿沟的性质也在发生变化，这反映出其背后的成因是复杂而多维的。Molnar（2003）在研究中指出，随着使用者数量的增加，数字鸿沟也会发生变化；起初，它主要表现为获取网络资源上的差距，而随着越来越多的人接触网络，使用者之间在数字素养和能力等方面的质的差异也会逐渐凸显。

阿马蒂亚·森（Amartya Sen）认为，公平分配资源并非终极目标，更为重要的是要提升个人选择的自由度。他强调"可行能力方法"的重要性（Sen，1999）。当这一观点与数字鸿沟和信息可获取性问题联系起来时，可以发现，不同国家在应对这些挑战时所采取的策略也各有不同。

各国目前均设立了多种福利制度来应对新的社会风险，中央和地方政府也依据各自的治理架构构建了多元化福利体系，以满足不同地区的具体需求。

从福利受益人的角度来看，要获取并理解所有这些与各类服务相关的信息和标准并非易事。由于福利领取者的数字素养参差不齐，有些人能有效利用新的数字环境，而另一些人可能被逐渐边缘化。

韩国与全球的整体趋势并无不同。为了应对低出生率和人口老龄化等社会变化，中央和地方政府纷纷推出多样化的福利服务。目前，由中央部门管理的福利项目已多达 200 余种，而地方政府也还在不断增加其福利项目的预算。

随着韩国福利服务种类和数量的不断增加，人们对于如何获取和利用这些信息的关注度也在日益提升。韩国政府正积极致力于在高度发达的数字环境中提升信息使用的便捷性。尽管数字福利领域的提升较为缓慢，但最新的评估结果显示其已取得了明显的进展。科学技术信息通信部在 2023 年进行的一项"网页可访问性调查"显示，健康和社会福利服务部门网页的可访问性评分已从 2019 年的 35. 6 分上升至 2022 年的 66. 0 分（Ministry of Science and ICT, 2023）。

韩国国内针对福利信息化的研究大多聚焦评估那些为提高福利服务效率而引入的系统。不过，目前也在进行一项针对当前福利信息化与理论讨论的契合程度及其尚存挑战的评估工作。

为了缩小福利信息获取上的差距并提高公民对福利服务的感知效果，韩国推出了一项名为"福利会员制"的新服务。现任政府还将提升社会保障信息的可获取性作为一项关键政策任务加以强调。

福利会员制的设计初衷是通过一次性注册来简化信息获取和申请的流程，以减轻福利领取者的负担，同时更好地契合他们的实际需求。这一制度自 2021 年 9 月推出，至今已运营三年有余。不过，目前超过 90% 的注册家庭是现有的福利受益人，新申请者相对较少。

作为全球范围内一次全新的数字平台尝试，福利会员制系统在提升信息可获取性方面具有重要意义。然而，除了积极方面，该系统也面临不少挑战。因此，如何有效激活这一数字平台以缩小数字鸿沟，依然是一个亟待解决的关键问题。目前，针对福利会员制用户实际使用情况和满意度的研究评估尚属空白。此外，还有必要对信息提供是否转化为实际的服务使用进行核验，因为这对于提高民众对福利服务有效性的感知十分重要。

本研究旨在通过问卷调查的方法，分析福利会员制用户的使用模式和满意度影响因素，从而为该制度的优化提供切实可行的建议。研究将着重分析具体实例，结合既往理论层面的宏观探讨，提炼出具有政策启示意义的结论。

二　文献综述

（一）福利会员制系统

福利会员制系统是一种定制型的福利指南，旨在帮助个人或家庭识别其在生命周期不同阶段所能获取的社会保障福利。随着福利和服务种类的增多以及资格标准的多样化，越来越多的人担心，个人或家庭难以全面地了解自己可以享受到哪些福利或服务。在这种不断变化的环境下，福利会员制系统显得尤为重要，因其目标就在于确保那些对福利信息不了解的群体不会因此而错失应有的福利或服务（Ministry of Health and Welfare，2022a）。

福利会员制系统以《社会保障福利法》为基础，定期向申请人告知他们可以获得哪些福利或服务。该系统已于 2021 年 9 月起正式启动，并计划逐步推广至全国范围。现有的社会保障福利领取者自动被纳入福利会员制系统，自动被纳入的对象涵盖了《基础生活保障法》（Basic Livelihood Security Act）、《单亲家庭扶助法》（Single-Parent Family Support Act）、《基础养老金法》（Basic Pension Act）、《残障者津贴法》（Disability Pension Act）、《残障者福利法》（Welfare for Persons with Disabilities Act）及其他由总统令等明确的法律所规定的福利领取者。近年来，随着福利领取者和服务使用者人数的不断增加，通过各类福利申请的新受益者也增加了不少。不过，在目前的福利会员制参与者中，绝大多数仍是既有福利领取者，这也出现了未来如何通过激活系统扩大使用者参与的问题。

从统计数据所能反映的福利会员制登记人员类型及规模等简要信息来看，福利会员申请者大致可以分为三种类型（见表 1）。第一类是设定申请者（assumed applicant），他们是在系统引入时自动被导入并作登记的既有福利领取者。第二类是同步申请者（simultaneous applicant），他们是该系统启动之后提出申请的新福利申请者，会在系统中被同步登记为福利会员。第三类是个别申请者（individual applicant），即那些自 2022 年 9 月新一代系统开放以来希望获得福利会员服务并经由福利网站开设的单独福利服务菜单进行自由申请的民众。

表 1 福利会员申请者类型

	设定申请者	同步申请者	个别申请者
登记日期	2021 年 9 月 1 日	2021 年 9 月 1 日至今	2022 年 9 月 6 日至今

	设定申请者	同步申请者	个别申请者
目标群体	既有福利领取者	新的福利申请者（基础生活保障；次高群体；单亲家庭；基础养老金；残障津贴；伤残/未成年子女津贴）	有登记意向的所有公民
加入方式	—	填写社会保障福利申请表时注明定制福利信息等	（1）前往镇/村行政福利中心；（2）进行福利申请（线上）
所需材料	—	社会保障福利申请表	定制福利信息申请表；备用材料
备用材料	—	财务信息同意书等；家庭关系证明	—

截至 2023 年 3 月，从所有类型的福利会员登记情况来看（见表2），自 2021 年 9 月以来共有 6612205 户家庭加入了福利会员制系统。其中，设定申请者类别，即由既有福利领取者转为福利会员的家庭共计 6139533 户，占所有加入福利会员家庭的 92.9%。在其余登记会员中，同步申请者类别的家庭有 308386 户（占 4.7%），而个别申请者类别的家庭为 164286 户（占 2.5%），这两类家庭合计共 472672 户。

表 2　不同类别福利会员申请者登记情况

单位：户

总计	2021 年 9~12 月		2022 年			2023 年 1~3 月	
	设定申请者	同步申请者	设定申请者	同步申请者	个别申请者	同步申请者	个别申请者
6612205	6064165	78863	75368	187275	72546	42248	91740
	6143028		335189			133988	

福利会员制的主要目标是从众多福利服务项目中识别出申请人可以享受的福利服务项目。为此，以《社会保障福利法》为依据，该系统有权通过资格审核和财务信息授权等程序，向申请人及其家庭成员收集必要的数据和信息。

目前，通过福利会员制提供的福利服务种类正在不断增加。根据 2022

年卫生福利部发布的运营指南，已有 76 种福利服务通过电子邮件、短信和网站等方式向会员做了推送告知（Ministry of Health and Welfare，2022a）。近期，卫生福利部又新增了 7 项福利服务，首尔市政府也试点了 6 个福利项目，这使通过福利会员制提供的福利信息种类总数达到 89 种（Ministry of Health and Welfare，2024）。依照福利资格认定方法，福利会员制提供的福利信息可分为三大类：第一类是 10 个覆盖整个生命周期的普惠性服务项目；第二类是 41 种需要进行资格审核的福利信息，如发育障碍人士的日间活动服务；第三类是 32 种需要收入和资产审查以确定资格的福利信息，如基础养老金。于近期新收录了 6 种福利信息的首尔市政府，是属全国地方政府中的首个。

然而，目前仅依据资格认定标准很难对福利会员制所提供的福利信息的实际意义进行准确评估。为此，需要按照受益人群、责任部门和申请地点等，对 89 种福利信息进行分类并加以分析。比如，当从生命周期的角度来看待福利信息所覆盖的受益人群时，会发现其中 47.2% 的信息可适用于整个生命周期，其次 22.5% 的信息适用于婴幼儿群体，19.1% 的信息面向青少年至老年人，而 11.2% 的信息则适用于儿童和青少年。若按家庭类型（包括普通家庭、单亲家庭、残疾人家庭及其他弱势群体家庭）来划分（可重叠），与其他弱势群体家庭相关的福利信息占比最高，达到 38.6%，然后普通家庭为 26.3%，残疾人家庭为 24.6%，单亲家庭为 10.5%（Ministry of Health and Welfare，2022a）。

此外，对当前福利会员制所提供信息的有关责任部门进行分析可以看到，卫生福利部负责的福利信息占比最高，达到 70.8；其次是私人福利机构，占 10.1%；地方政府（首尔市）占 6.7%；韩国疾病控制和预防机构占 2.2%；雇佣劳动部占 1.1%；其他各政府部门合计为 9.1%。而在收到福利信息之后，最通常的福利服务申请地点是地方社区中心，占比高达 56.6%，其他的申请方式还包括在线申请（占 19.7%）、卫生中心（占 13.2%）、市、区/县办事处（占 6.6%）、退伍军人事务办公室（占 2.6%）、国民健康保险公团（占 1.2%）。这一结果证实，地方社区中心是福利会员登记用户最经常访问的地点。

通过对福利信息的初步分析，我们可以得出一些结论。

首先，从公民感知的角度来看，将信息按生命周期和家庭类型进行交叉对比可以发现，对于其他弱势群体家庭而言，适用于整个生命周期的福利信息占全部信息的25%，适用从青年期到老年期的相关信息占17%，适用婴幼儿至青少年期的信息占14%。而在适用于普通家庭的福利信息中，有15.8%是关于婴幼儿和青少年的。这从侧面说明，对青年和老年人而言，个人或家庭能够申请和感知到的福利服务相对较少。

其次，在工作流程和申请环节中也存在一些挑战。尽管由地方社区中心处理的事务涉及多个部门，但还有约30%的服务涉及私人福利机构和其他部门的项目，这使得使用者在访问或查询服务信息时难以得到即时回复。此外，即便通过福利会员制系统获得了福利信息，但如果未能提供关于申请地点的充足信息，其实际使用效果也会受到影响，这进一步突出了将设立一站式申请窗口作为一项主要任务的必要性。

最后，尽管个人主要通过线上方式加入福利会员，但他们通常仍需要亲自前往地方社区中心才能享受到福利服务。因此，收集工作人员和当地用户的使用体验和对困难的反馈意见，对未来推进激活福利会员制度具有重要启示意义。

（二）信息化与数字鸿沟

放眼全球，由先进技术驱动的信息化进程正在快速推进，对包括福利在内的众多领域产生了深远影响。人们尽管普遍希望向信息社会转型能够解决社会难题，但也担心其可能带来的负面影响。由信息资源分配不均导致的数字鸿沟正是其中一个主要问题。那些能够接触最新信息技术的人群与无法接触的人群之间的差异，被认为有可能进一步加剧现有的不平等（Compaine，2001）。

随着互联网上各类新兴媒体的不断涌现，各国对数字鸿沟问题的关注日益增加。当一部分人因掌握信息而获益，而另一部分人未能享受到这一红利时，那些处于边缘地位的群体所遭遇的困境就会越发凸显（Schiller，1996）。

基于对这一问题的认识，政府和学术界都将数字鸿沟视为一个公共问题而非个人问题进行宣传。现有研究表明，数字鸿沟的成因错综复杂，涉及多个维度，难以简单做出解释。起初，人们将讨论的焦点集中在技术环境和技术获取上，将其视为造成数字鸿沟的主要原因。然而，随着探讨的深入，人们开始更加重视个人层面的原因：一是人口因素的重要影响（Bridges. org，2001）；二是技术普及的滞后性和技术知识匮乏的影响；三是个人能力欠缺或主动选择拒绝技术（Compaine，2001）。这些因素共同导致个人层面数字鸿沟的形成。

依据这些分析，单纯改善信息获取渠道并不能完全解决问题，提升个人的信息利用和接受能力也不应仅仅被视为个体自身的任务。有效消除数字鸿沟，必须双管齐下：既要提高信息的可获取性，又要强化信息的使用和接收能力。这不仅需要社会和国家改善基础设施，而且需要加强教育，增强公众意识。

从全球范围来看，各国的政策应对往往侧重于硬件设施的支持，但在提升信息利用和接收度方面往往缺乏实效。韩国也面临类似的挑战。Molnar（2003）的研究发现，随着时间的推移，用户的数量会不断增加，但数字鸿沟也会在此过程中发生类型变化。在早期适应阶段，数字鸿沟主要表现为信息获取的鸿沟，集中反映在有条件接触信息的人群与无法接触信息的人群之间。随着用户数量的爆炸式增长，数字鸿沟开始表现为信息使用的鸿沟，前期主要反映在用户和非用户之间。最终，当到达深度浸润阶段时，用户群体内部也会出现信息利用上的差异和分化。

结果就是，在信息化的初始阶段，可以通过接入互联网等物理支持来弥合数字鸿沟。然而，随着时间的推移，对于那些对技术持抵触态度或属于弱势群体的用户，还需要额外向他们提供技术利用方面的培训和意识提升等支持。这一观点与森提出的"可行能力方法"不谋而合，该方法强调，提升个体能力是应对不平等和贫困问题的关键（Sen，1999）。森（Sen，1992，1999）认为，物质资源的分配仅仅是一种手段，要彻底解决贫困和不平等问题，必须重视个体的自由。他强调拓展个体的选择空间并增强他们行使自由能力的重要性。

本研究重点关注韩国福利信息化的现状以及对它的评估情况。既有研究大多侧重于对那些为提升福利服务效率而引入的系统进行评估，并借助公职人员的感知来判断福利信息化水平。然而，从福利使用者视角出发进行的探讨和评估相对不足。

近年来，一些研究从普通市民的视角出发，探讨了地方政府所搭建的福利信息平台的可用性，并研究福利领取者如何获取和运用这些信息。但一个重要的问题在于，现有的福利信息提供方式仍然以供应方为中心。为解决这一问题，一些人建议转变服务模式，即从以供应方为中心的模式转变为以福利需求者和实际使用者为中心的模式。

本研究所重点探讨的福利会员制，可以被视为一种基于 Yoon 等（2014）提出的福利信息化完成阶段模型设计的福利信息平台。在福利信息化的过程中，消费者和使用者的视角正在变得越来越重要。有鉴于此，深入探讨福利会员制在实际操作中的具体实施方式、所能带来的实际效果，以及从用户的角度出发对其可用性和实效性进行评估是尤为必要的。

在此背景下，对类似于福利会员制系统的福利信息平台的信息可获取性和用户满意度，将很可能成为推动未来福利会员制优化和发展的关键因素。本研究有望为建立以用户为中心的福利信息系统提供基础性参考。

（三）信息的可获取性和用户满意度

所谓信息的可获取性，是指无论用户具有何种特点或处于何种情境，都能够使用信息。这不仅涉及技术层面的因素，比如信息提供系统、连通性和辅助技术，而且包括用户体验方面的因素，比如使用信息服务的便捷性、信息的充分性及便于用户理解的信息易读性等。

信息的可获取性在一定程度上决定了人们对公共服务的满意度。有研究表明，通过分析作为服务请求方的用户的使用体验可以发现，数字信息的获取和使用会显著影响弱势群体的生活满意度（Kim et al., 2020）。具体来说，信息的可获取性会影响人们（是否）使用福利服务的相关决策，这一观点已经被证实（Kim & Kim, 2020）。近年来，随着公共服务中各类信息平台（如电子服务、一站式服务等）的广泛应用，围绕信息可获取性及用户满意度之于个性化服务发展的影响的研究也越发活跃（Jang, 2007; Lee & Park, 2017）。例如，Jang（2007）在研究中选取了三个因素——信息可获取性（information accessibility）、服务贴心度（service consideration）和可触知性（tangibility）——来评估用户满意度。信息可获取性包括信息搜索的便利程度、信息搜索系统的迅捷性和全面性、信息搜索的主动性以及系统开放时间的适用性。服务贴心度包括及时提供所需服务、能赢得用户信任，以及能提供易于获取且满足用户需求的服务。而可触知性则包括注重隐私和安全的网络环境，以及支持用户的各类视觉辅助工具。这些因素与用户满意度呈现统计学上的显著正相关性，其中信息可获取性最为重要。

研究也通过实际用户的反馈对这些要素进行了验证。Kim 等（2021）对五名年龄为 20~60 岁的普通市民经由某平台接收福利信息和申请服务的过程进行研究，以此评估该福利信息平台的可用性。结果显示，该区域福利信息平台的平均得分仅为 4 分（满分 7 分）。造成这一结果的原因包括：复杂的术语和抽象的信息使用户难以有效利用信息；较低的可读性和信息繁复等问题加大了用户查找有用信息的难度。此外，用户还抱怨系统不稳定、综合搜索功能不便捷等。具体而言，用户面对难以理解的术语或不必要的信息时，会因信息难以理解而放弃获取；同时，用户也表示很难判断平台所提供的信息是否有用。基于这项研究，可以看出，即便是现有的福利信息平台，在便捷性方面也并未获得用户的高度认可（Kim et al., 2021）。

为了解用户可能享受到的福利和服务情况，需重点考察以下几个方面：所提供的服务信息是否充分，用户是否实际利用了这些信息，以及使用过程是否方便快捷。福利会员制设立的初衷是更好地支持福利服务，其目标不仅是为福利领取者而且是为所有市民提供可能获取的相关福利或服务信息。

登记了福利会员的用户所获取的福利待遇或服务信息的多少，以及他们能否有效利用所被告知的服务，会直接影响其使用福利会员制的持续性和满意度。具体来说，它揭示了用户体验与满意度之间的相互关系，如服务使用的频次和持续时间等。值得注意的是，Jang（2007）在研究中发现，实际服务使用体验与用户满意度之间并没有显著相关性；而 Kim 和 Jeon（2010）在研究中则发现，公共服务的使用范围越广，用户往往越可能给出正面评价。

基于此前的研究成果，为了更好地从用户视角提升福利服务的感知效果，我们亟须优先关注并提升用户对福利会员制的满意度。有鉴于此，本研究旨在通过实证分析，检验福利信息的可获取性、实际服务使用体验以及使用福利服务的便捷性等因素是如何影响福利会员制的使用满意度的。

三 研究设计

（一）研究模型

本研究旨在识别影响福利会员制的使用满意度的各种因素。福利会员制设计的初衷是让公民更方便地获取福利信息，并提升他们的使用体验和福利感知水平。虽然福利会员制推出的时间不长，但它收集用户反馈意见的需求很高。识别影响使用满意度的关键因素并提出需要进一步完善的领域，将有助于推动福利会员制的发展。

为此，本研究将分析福利信息的可获取性、实际服务使用体验以及使用福利服务的便捷性与福利会员制的使用满意度之间的影响关系。影响福利会员制的使用满意度的因素可能有很多，但限于调查内容，研究将个人环境因素作为控制变量纳入考量范畴。研究模型如图1所示。

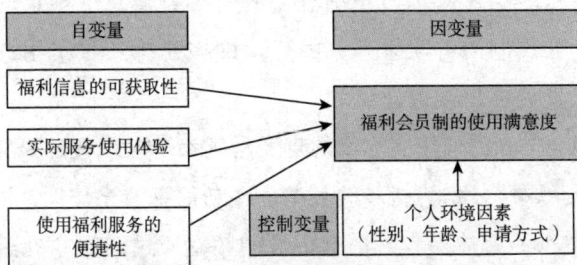

图1 研究模型

（二）数据使用和分析方法

本研究使用了"福利会员制使用现状及激活策略分析"的调查数据。

该调查于2023年在福利会员的登记用户群体中进行，调查对象包括韩国全国17个直辖市和省级市的1194名年龄在19岁及以上的福利会员制成年用户。这项调查意义重大，是对福利会员制使用情况的首次全面调查。

该调查采用网络问卷的形式，于2023年5月20日至6月20日进行，所有受访者均为登记了福利会员的用户。

在分析原始数据时，本研究首先进行了相关性分析，以检验提出的假设方向是否合理，并判断是否存在多重共线性的可能。随后，本研究重点验证了福利会员制的使用满意度（因变量）与福利信息的可获取性、实际服务使用体验以及使用福利服务的便捷性等因素之间是否存在显著的因果关系。

因此，本研究借助STATA 17.0软件，对调查所得的原始数据进行了描述性统计、相关性分析以及回归分析。此外，在众多可能对因变量产生影响的因素中，本研究将个人环境因素作为控制变量，以更准确地分析主要自变量所带来的影响。

（三）变量测量

本研究使用的变量如表3所示。首先，因变量是福利会员制的使用满意度，通过"您在使用福利会员制时总体上满意吗"这一问题进行测量。回答采用五点量表，从"非常不满意"到"非常满意"赋值为1~5。本研究是关于福利会员制的首项研究，因变量的构建旨在收集用户意见，并为该系统的未来发展提出改进建议。

影响福利会员制的使用满意度的自变量则参考了以往的研究，主要包括福利信息的可获取性（信息指导的频率、福利信息的充分性，以及是否提供了新的福利信息）。具体而言，信息指导的频率通过询问"在过去一年或到目前为止，您接受服务指导的频次如何"来测量。关于福利信息的充分性，则通过"是否提供了足够的信息，以确保您在申请指导服务时并未感到困难"这一问题进行测量。此外，关于是否提供了新的福利信息，相应的测量问题是"您是否通过福利会员了解到您可以获得哪些服务的新信息"。

为了进一步检验实际服务使用体验和申请过程中的困难对福利会员制

的使用满意度的影响，本研究采用了以下自变量。首先，根据信息的接收情况，通过询问"您是否有过使用指导服务的经验"来测量用户的实际服务使用体验。其次，为了解申请过程中的困难，询问了以下问题："您没有申请指导服务的原因是什么？是因为不知道如何申请，还是因为申请过程很烦琐"。

此外，本研究还将性别、年龄、申请方式等个人环境因素作为控制变量，以分析因变量与主要自变量之间的关系。

表 3　关键变量及测量方法

分类		变量	测量指数	测量问题
因变量		福利会员制的使用满意度	从非常不满意（=1）到非常满意（=5）	您在使用福利会员制时总体上满意吗？
自变量	福利信息的可获取性	信息指导的频率	从未接受（=1），1 次（=2），2~5 次（=3），6~10 次（=4），11 次及以上（=5）	在过去一年或到目前为止，您接受服务指导的频次如何？
		福利信息的充分性	从非常不满意（=1）到非常满意（=5）	是否提供了足够的信息，以确保您在申请指导服务时并未感到困难？
		新的福利信息	是（=1），否（=0）	您是否通过福利会员了解到您可以获得哪些服务的新信息？
	实际服务使用体验	信息的接收情况	是（=1），否（=0）	您是否有过使用指导服务的经验？
	使用福利服务的便捷性	申请过程中的困难	我不知道如何申请，且申请过程很烦琐（=1），其他原因（=0）	您没有申请指导服务的原因是什么？是因为不知道如何申请，还是因为申请过程很烦琐？

续表

分类		变量	测量指数	测量问题
控制变量	个人环境因素	性别	男性（＝1），女性（＝0）	请选择您的性别
		年龄段	10~19 岁（＝1）， 20~29 岁（＝2）， 30~39 岁（＝3）， 40~49 岁（＝4）， 50~59 岁（＝5）， 60~69 岁（＝6）， 70 岁及以上（＝7）	请选择与您年龄相对应的组别
		申请方式（现场）	本人亲自申请（＝1）， 非本人亲自申请（＝0）	申请福利会员的方式
		申请方式（在线）	线上申请（＝1）， 非线上申请（＝0）	

四 分析结果

（一）描述性统计分析

在进行回归分析之前，本研究对被调查者的人口统计学特征进行了基本的统计分析（见表4），同时考察了与福利信息的可获取性以及使用福利服务的便捷性相关的各项变量。

首先，本研究对被调查者的人口统计信息进行了分析。在本研究中，性别和年龄被作为控制变量。所使用调查数据共有 687 名女性被调查者（占 57.5%）和 507 名男性被调查者（占 42.5%），女性比例比男性高出 15 个百分点。在年龄分布上，320 名被调查者（占 26.8%）的年龄为 40~49 岁，286 名被调查者（占 24.0%）的年龄为 50~59 岁，283 名被调查者（占 23.7%）的年龄为 60~69 岁，39 岁及以下的被调查者有 180 名（占 15.1%），这表明中老年被调查者的比例较高。

其次是被调查者的地域分布情况。从 17 个一级行政区（特别市、特别自治市、广域市、道和特别自治道）的受访者参与情况来看，首尔的参与率最高，为 256 人（21.4%）；其次是京畿道，为 232 人（19.4%）；釜山为 94 人（7.9%），庆尚南道为 82 人（6.9%），仁川为 78 人（6.5%），而其余 12 个地区的参与率均低于 5%。这表明，被调查者主要集中在首尔和京畿道的中老年人群。通过福利门户网站进行在线会员注册的主要是现有福利领取者，故可发现，居住在大都市地区的被调查者人数更多。

最后，从福利会员的申请方式来看，调查显示有 552 名被调查者（占 46.2%）是通过线上申请的，440 名被调查者（占 36.9%）则是在地方社区中心进行现场申请，另有 192 名被调查者（占 16.1%）不清楚自己的申请方式，此外还有 10 名被调查者（占 0.8%）通过其他方式申请。虽然线上申请福利会员的比例较高，但仍有不少人通过地方社区中心进行现场申请。值得注意的是，还有一部分被调查者对申请的具体过程并不清楚。有鉴于此，有必要加大对线上和线下福利机构两种申请渠道的宣传力度，向申请者详细说明福利会员的申请程序以及他们可以获得的服务，以便用户更全面地了解并有效利用福利会员制。

表 4 受访者的人口统计学特征（N = 1194）

单位：%

		频数	占比
性别	男性	507	42.5
	女性	687	57.5
年龄段	10~19 岁	8	0.7
	20~29 岁	31	2.6
	30~39 岁	141	11.8
	40~49 岁	320	26.8
	50~59 岁	286	24.0
	60~69 岁	283	23.7
	70 岁及以上	125	10.4

续表

		频数	占比
申请方式	现场申请 （镇/村/洞的社区中心等）	440	36.9
	线上申请 （福利中心等）	552	46.2
	不清楚	192	16.1
	其他	10	0.8

（二）相关性分析

福利会员制的使用满意度这一因变量与关键变量之间的相关性分析结果如表5所示。研究发现，在关键变量中，信息指导的频率、福利信息的充分性、新的福利信息、信息的接收情况以及申请过程中的困难，均与福利会员制的使用满意度存在相关性。

首先，在福利信息的可获取性方面，信息指导的频率、福利信息的充分性以及新的福利信息都与福利会员制的使用满意度有显著的正相关关系。其次，就使用福利服务的便捷性而言，信息的接收情况同样呈现显著的正相关关系。无论是现场申请还是在线申请，也都与福利会员制的使用满意度呈现显著的正相关关系。

另外，分析未申请指导服务的原因可以发现，申请过程中的困难与福利会员制的使用满意度之间存在负相关关系，不过这种关系并不显著。从人口统计学因素来看，女性和年龄较小的群体与福利会员制的使用满意度呈负相关关系，但这一相关性同样未达到显著水平。

表5　相关性分析结果

变量	①	②	③	④	⑤	⑥	⑦	⑧	⑨	⑩
①	1									
②	0.257**	1								
③	0.667**	0.219**	1							

续表

变量	①	②	③	④	⑤	⑥	⑦	⑧	⑨	⑩
④	0. 359 **	0. 241 **	0. 376 **	1						
⑤	0. 294 **	0. 438 **	0. 238 **	0. 267 **	1					
⑥	−0. 039	−0. 114 **	−0. 076 **	−0. 016	−0. 129 **	1				
⑦	−0. 019	−0. 019	0. 023	−0. 028	−0. 089 **	0. 048	1			
⑧	−0. 022	−0. 135 **	−0. 029	0. 037	−0. 143 **	0. 106 **	0. 266 **	1		
⑨	0. 092 **	0. 104 **	0. 050	0. 081 **	0. 092 **	0. 068 *	0. 011	0. 205 **	1	
⑩	0. 090 *	0. 123 **	0. 101 **	0. 079 **	0. 109 **	−0. 208 **	−0. 090 **	−0. 261 **	−0. 708 **	1

注：①福利会员制的使用满意度，②信息指导的频率，③福利信息的充分性，④新的福利信息，⑤信息的接收情况，⑥申请过程中的困难，⑦性别，⑧年龄，⑨现场申请，⑩在线申请；** $p<0.01$，* $p<0.05$。

（三）回归分析结果

本研究旨在探讨影响福利会员制使用满意度的各项因素，并据此为福利会员制的未来优化与发展提出切实可行的建议。为此，研究选取了若干关键影响因素作为分析变量，包括福利信息的可获取性、实际服务使用体验、使用福利服务的便捷性等，并在分析过程中对福利会员用户的个人信息进行控制处理。

在此基础上，研究模型显示 F 值在统计学上表现出显著性和适用性，同时，本研究的平均方差膨胀因子（VIF）在所有模型中均未超过 10，这表明各关键变量之间不存在多重共线性问题。

分析结果将重点围绕表 6 所呈现的回归分析结果进行阐述。一方面，仅包含控制变量的模型 1 证实，申请方式（无论是现场申请还是在线申请）与福利会员制的使用满意度呈现统计学上的显著正相关关系。另一方面，模型 2 进一步检验了本研究关键变量的影响。结果表明，测量福利信息的可获取性的信息指导的频率、福利信息的充分性及新的福利信息均显著提高了福利会员制的使用满意度。具体而言，信息指导的频率越高、福利信息越充分、传递的新的福利信息越多，福利会员制的使用满意度就越高。在福利信息的可获取性的各代表因素中，福利信息的充分性的影响

（$\beta = 0.59$）最为显著。

随后，研究进一步证实，信息的接收情况同样显著提升了福利会员制的使用满意度。用户接收的信息越丰富，对福利会员制的使用满意度也就越高。在所有关键变量中，信息的接收情况的影响（$\beta = 0.10$）排在第二位。

最后，研究还考察了申请过程中的困难对福利会员制的使用满意度的影响。结果显示，申请过程中的困难越少，福利会员制的使用满意度越高。在包含所有关键变量的模型 2 中，申请过程中的困难对福利会员制的使用满意度确实具有统计学上的显著影响，尽管其解释力（$\beta = 0.04$）在所有关键变量中是最弱的。

在申请方式与福利会员制的使用满意度之间的关系方面，无论是现场申请还是在线申请，均呈现正相关关系。这表明，不论申请方式如何，申请福利会员确实对福利会员制的使用满意度具有统计学上的显著影响。

表 6 福利会员制的使用满意度影响因素的回归分析结果

变量			模型 1		模型 2	
			回归系数 (t)	β	回归系数 (t)	β
自变量	福利信息的可获取性	信息指导的频率			0.050** (2.120)	0.05
		福利信息的充分性			0.566*** (25.580)	0.59
		新的福利信息			0.229*** (3.580)	0.08
	实际服务使用体验	信息的接收情况			0.187*** (3.920)	0.10
	使用福利服务的便捷性	申请过程中的困难			0.072* (1.670)	0.04

续表

变量			模型 1		模型 2	
			回归系数（t）	β	回归系数（t）	β
控制变量	个人环境因素	性别	0.015（0.250）	0.007	−0.041（−0.940）	−0.021
		年龄	−0.005（−0.230）	−0.007	0.012（0.730）	0.017
		申请方式（现场）	0.640***（7.840）	0.314	0.198***（3.060）	0.097
		申请方式（在线）	0.613***（7.660）	0.311	0.168***（2.630）	0.085
常数			3.534***（27.150）		1.278***（10.150）	
被调查者人数			1194		1194	
R^2			0.0569		0.4806	
调节 R^2			0.054		0.477	
F（p）			17.94（0.0000）		121.6（0.0000）	
VIF			1.58		1.47	

*** $p < 0.01$，** $p < 0.05$，* $p < 0.1$。

五 结论与政策启示

直接向公民提供福利信息指导的福利会员制已实施了两个年头（截至调查时），且已逐步扩展至全国范围。本研究旨在通过实证分析，探讨影响福利会员制的使用满意度的关键因素，并据此提出其未来的发展策略。为此，在既往研究的基础上，本研究明确了影响福利会员制的使用满意度的几个重要因素，包括福利信息的可获取性、实际服务使用体验以及使用福利服务的便捷性，进而对福利会员制的使用满意度进行因果关系分析。

研究结果表明，当我们将福利信息的可获取性进一步细分为信息指导的频率、福利信息的充分性和新的福利信息时，会发现这些因素与福利会员制的使用满意度之间具有显著的因果关系。此外，研究还证实，信息的接收情况与福利会员制的使用满意度之间也存在显著的正相关关系。同时，在申请过程中遇到的困难越少，用户对福利会员制的使用满意度就越高。

本研究可为福利会员制的未来发展提供以下政策启示。

首先，在福利信息的可获取性方面，调查结果显示，信息指导的频率是一个关键因素，提高必要信息的提供频率会对提升用户使用满意度产生积极作用。然而，研究也发现，许多福利会员制用户仍感觉所获取的信息不足。因此，亟须对现有系统进行全面审查，以优化用户体验，并确保在非面对面的情境下也能充分重视对用户的信息指导。此外，尽管信息传递的频率十分重要，但同样不可忽视的是，必须从用户的角度出发，对所提供的内容是否翔实且具有实际意义加以评估。

其次，虽然福利会员制在主动推送信息方面取得了显著成效，但确保用户能够切实利用他们收到的这些信息并提升其满意度仍然十分重要。这一点已为既往研究所证实。换言之，对于作为信息平台的福利会员制来说，想有效引导用户获取实用信息，不仅要保证用户能够接触到信息媒介，而且要方便用户接收必要的信息并顺利使用相关服务。这对于那些有可能变成福利受益者的用户来说尤为重要。研究结果证实，那些经由福利会员制信息指导而使用服务的用户对该项目的满意度普遍更高。然而，目前通过福利会员制所提供的信息种类仍局限在 89 种。近来福利会员制在与首尔等地方政府提供的福利信息进行对接，相关工作也需要关注用户在实际使用过程中是否遇到障碍。为此，有必要开展进一步研究，以识别并解决服务入口路径的潜在障碍，或提出具体改进建议。

最后，在获取和使用福利信息的过程中要持续优化数字环境。对于老年人、残疾人等弱势群体来说，他们可能更适应面对面的咨询服务，而不是非面对面的服务。对他们而言，通过福利会员制等在线平台理解和利用福利服务存在一定难度，这就让有需要者在面对经济困难等问题时很难获得需求的满足。研究发现，通过福利会员制获取信息的充分程度对用户满意度的影响最为显著，这进一步凸显了充分理解和有效利用信息的重要性。从信息获取、信息理解和信息利用三个维度来评估信息素养的研究表明，福利受益者通常会从线下资料或邻里口中获取信息，而从线上或通过公职人员获取信息对他们来说具有挑战性。此外，复杂的术语、晦涩的解释以及烦琐的申请程序可能导致他们放弃申请。因此，向弱势群体提供简单易懂的解释，并通过信息指导给予必要支持，应成为下一步工作的重中之重。

本研究对于推进福利会员制的发展具有重要意义，但也存在一些不足之处。从调查数据采集来看，本次调查仅面向全部福利会员制用户，且调查通过移动端开展，因此可能未全面覆盖所有人口统计学变量，且调查内容也仅限于某些特定项目。未来研究还应关注那些未注册平台用户、未使用全国性福利会员信息指导服务的群体的福利服务状况。这将在后续研究中加以推进。

本研究从用户的角度出发，考察了影响福利会员制使用满意度的诸多因素，重点关注福利会员制的使用效果。对诸如福利会员制这类新福利政策或制度的评价能直接反映民众的生活质量。研究结果表明，要想提高福利会员制的使用满意度，必须全面考虑用户感知度、信息可获取性以及使用体验等多种因素。希望本研究能为未来福利会员制的制度发展、项目扩展和功能改进等提供参考。

参考文献

Bridges. org. 2001. "*Spanning the Digital Divide: Understanding and Tackling the Issues.*"

Compaine, B. M. 2001. "Declare the War Won." in B. M. Compaine (Ed.), *The Digital Divide: Facing a Crisis or Creating a Myth?* pp. 315-335. Cambridge, MA: MIT Press.

Jang, Y. K. 2007. "A Study on the Evaluation of E-service Quality and User Satisfaction in Public Libraries." *Journal of the Korean Library and Information Science Society* 41 (4): 315-329.

Jung, Y. C., Jin, J. H., Ham, Y. J., Ko, J. I., Lee, G. H., & Kim, W. J. 2020. "A Study on the Status of Local Government Social Security Projects and Improvement Plans for the Consultation Support System." Ministry of Health and Welfare & Korea Institute for Health and Social Affairs.

Kim, E. J. & Kim, Y. R. 2020. "The Impact of Service Choice and Accessibility on the Effectiveness of Social Services: Focusing on Differences by Type of Social Service." *Journal of Local Administration Studies* 34 (4): 213-238.

Kim, H. J. & Jeon, H. J. 2010. "An Exploratory Study on the Influencing Factors of Public Evaluation of Social Welfare Policies: Focusing on Welfare Needs, Welfare Perception, and Welfare Service Utilization Experience." *Journal of Social Security* 26 (2): 95-121.

Kim, J. H., Yang, D. Y., & Park, S. Y. 2021. "An Exploratory Study on the Usability of Welfare Information Platforms: Focusing on the Usability Evaluation of Welfare Information Platforms in Metropolitan Local Governments." *Journal of Korea Regional Information Society* 23 (4): 87-108.

Kim, M. I., Kim, Y. S., & Eom, S. R. 2020. "A Study on the Types of Digital Information Activities and Life Satisfaction of Middle-aged and Elderly People." *Journal of Korea Regional Information Society* 23 (1): 51-74.

Lee, J. W. & Park, E. H. 2017. "Analysis of Customer Satisfaction with One-stop Services." *Korean Journal of Social Welfare Administration* 27 (4): 215-239.

Ministry of Health and Welfare. 2022a. "Guidelines for Customized Benefits (Welfare Membership) 2022."

Ministry of Health and Welfare. 2022b. *Launch of the Next-generation Social Security Information System (Phase 2) -Establishing an IT Foundation for Improving Welfare for the Vulnerable and Alleviating Public Inconvenience.* Press Release. September 2022.

Ministry of Health and Welfare. 2024. "89 Welfare Services for You, Informed by the Welfare Membership." https://www.mohw.go.kr/board.es?mid = a10503000000&bid = 0027&list_no = 1479969&act = view, Press Release. January 22, 2024.

Ministry of Science and ICT. 2023. "2022 Web Accessibility Status Survey." https://www.msit.go.kr/bbs/view.do?sCode = user&mId = 99&mPid = 74&pageIndex = 1&bbsSeqNo = 79&nttSeqNo = 3173534&searchOpt = ALL&searchTxt = %EC%A0%91%EA%B7%BC%EC%84%B1.

Molnar, S. 2003. "The Explanation Frame of the Digital Divide", Proceedings of the IFIP Summer School." Risks and Challenges of the Network Society.

Schiller, H. I. 1996. *Information Inequality: The Deepening Social Crisis in America.* New York: Routledge.

Sen, A. K. 1992. *Inequality Re-examined.* Oxford: Clarendon Press.

Sen, A. K. 1999. *Development as Freedom.* New York: Alfred A. Knopf, Inc.

Yoon, S. O., Kim, G. H., & N, S. R. 2014. "A Diagnosis of the Level of Welfare Informatization in Korea and Policy Directions: Focusing on Experts' Perspectives." *Journal of Korean Regional Information Society* 17 (2): 89-115.

日本社会保障制度的数字化转型：通过服务设计和基于数据的画像分析提升可访问性和个性化支持

〔日〕 横山北斗（Yokoyama Hokuto）

万　红译　张文博编校*

摘　要：日本的社会保障制度覆盖率较低，现行的社会保障制度体系存在信息分散、信息表达复杂及行政部门条块分割等问题，导致福利发放的可及性受到限制。本文围绕服务设计和基于数据的画像分析，探讨了日本社会保障制度的数字化转型。研究发现：采用服务设计方法，可以从使用者的视角重新审视和优化系统设计；基于数据的画像分析提升了个性化支持和预防性干预的可能性与可行性。本文提出，将服务设计与数据分析方法融入数字化转型，有助于构建全面、高效的社会保障制度福利发放流程。另外，日本在推进这些措施时，需特别注重解决数字鸿沟、隐私保护以及行政部门条块分割等问题。基于此，本文提出如下具体建议：（1）扩展"我的门户网站"功能；（2）建设数据共享平台并推进 AI 应用；（3）构建数字化与传统服务相结合的混合支持体系。

关键词：服务设计；基于数据的画像分析；福利给付的数字化转型；混合支持体系

一　引言

（一）研究背景和目的

日本的社会保障制度基于《宪法》第 25 条，旨在保障国民的生存权。

---

* 作者简介：横山北斗（Yokoyama Hokuto），NPO 法人 Social Change Agency 代表理事、社会工作师，研究方向为福利申获支持与社工实务、社会保障体系数字化转型、人工智能与政府服务获取优化和个性化支持。译者简介：万红，北京大来创杰翻译有限公司总经理，全国翻译专业学位研究生教育兼职教师资格。编校者简介：张文博，中国社会科学院社会学研究所助理研究员、中国社会科学院社会政策研究中心副秘书长，研究方向为老年政策、农村政策、基层社会治理。

实际情况是，真正需要这些保障的人往往难以有效获取相应的服务。根据 Abe（2003）的研究，日本的生活保障制度覆盖率估计仅为 5%～10%，这在全球范围内处于一个较低的水平。尽管具体制度的情况有所差异，但类似的问题在其他制度中也存在，即那些本应能够从中受益的人群未能充分利用这些制度。

Currie（2006）指出，在美国和英国，社会福利项目利用率较低的主要原因包括"信息不足、程序复杂以及污名化现象"。此外，Ko 和 Moffitt（2022）进一步分析了影响福利项目利用率的其他因素，认为除污名化和信息不足外，还包括"领取福利带来的经济或其他好处不足以抵消申请和领取过程的烦琐手续及相关成本"。这些手续和成本包括填写申请表、提供收入和家庭构成的证明文件、前往服务窗口以及面谈所需的时间和费用。

近年来，数字化转型的推进被视为解决上述问题的潜在途径。然而，仅仅依靠数字化转型并不能从根本上解决问题。Mergel 等（2019）将公共部门的数字化转型定义为"超越传统的数字化举措，旨在全面修订政府核心流程和服务的努力"。

解决问题的关键在于，必须基于对制度使用者所面临的具体困难与需求的深刻理解，采取以使用者为中心的方式。这种方式强调服务提供方从使用者的视角设计并提供服务。通过这一方式，若能优化信息的提供内容、简化流程并减轻污名化的影响，则制度的利用率便有望得到显著提升。

此外，数据的有效运用也变得日益重要。日本的"特定公共补助"在数据利用方面已经取得了显著成效。"特定公共补助"指的是地方政府通过使用"个人编号"（My Number）来确认补助条件，并以邮寄的方式通知符合条件的对象。这一机制的构建得益于 2021 年颁布的《公共资金接收账户注册法》（公金受取口座登录法）。截至 2024 年 7 月，已有 16 项在灾害或传染病暴发时提供的补助通过主动推送的方式发放，免除了部分居民的申请手续。

基于这一背景，本研究将重点聚焦两个关键概念——以用户体验为中心的服务设计以及基于数据的画像分析，以探讨通过数字化转型提升社会保障制度的可及性，并实现个体化支持的潜在可能性。

（二）研究方法和意义

本研究主要采用案例分析和文献调查的方法。首先，梳理日本社会保障制度的现状及面临的问题，并阐明服务设计与画像分析的概念。其次，通过分析国内外在这些概念应用上的案例，总结其效果与挑战。最后，结合这些研究成果，提出对日本社会保障制度在福利给付方面实现数字化转型的建议。

本研究的意义在于，通过数据与技术的有效运用，结合服务设计的核心理念——以人为本的设计，探讨数字化转型在实现"不让任何一人掉队"的社会保障福利发放中的潜力，从而为保障全体公民的生存权、推动其享有有尊严的生活提供理论支持与实践参考。

（三）文章结构

本文正文包括如下五部分：一是对日本社会保障制度现状及其所面临问题的分析；二是对服务设计和基于数据的画像分析方法的介绍；三是对数字化转型所提出的综合性方法的探讨；四是提出日本社会保障制度数字化转型的具体建议；五是对本研究的结论进行总结，并展望未来的发展方向。

二　日本社会保障制度的现状与问题

（一）社会保障制度概述和近年政策动向

日本的社会保障制度由社会保险、公共救助、社会福利和公共卫生四个部分构成。其中，社会保险包括养老金和医疗保险；公共救助的代表制度是生活保障制度；社会福利主要为儿童、老年人和残障人士提供服务；公共卫生包括制定和实施针对传染病防控和健康促进的政策。

近年来，一个尤为突出的政策动向是 2015 年实施的《生活贫困者自立支援法》。该法旨在加强对生活保障前阶段的自立支援措施，通过自立咨询支援、就业准备支援、改善家计支援等项目，向经济困难群体提供综合性支援。其特点在于，打破了传统的行政条块分割模式，充分利用地方各类社会资源进行广泛的支援。该法的实施有望实现以下目标：抑制生活保障金领取者人数的增加；通过早期干预防止贫困的恶性循环；通过加强与社区的联系，促进社会包容。

2021 年，随着《社会福祉法》的修订，多层次支援体制建设项目正式启动。该项目旨在从基层政府（市町村）层面，充分利用现有的咨询服务措施，建立一套能够应对地区居民日益复杂化和多元化需求的综合性支援体制。具体包括但不限于：特定属性的咨询服务、促进居民重新融入社会的参与支援，以及防止与社区隔离的社区建设综合项目实施。该项目的目标是构建一套不局限于老年人、残障人士、儿童或生活困窘者等特定对象的综合性支援体系。通过这一体系，政府期望能够为面临多重问题的家庭提供连续的支持，促进社区活力与互助，并打破传统的行政条块分割，建立高效的支援机制。

2023 年，日本设立了儿童家庭厅，以全面负责儿童政策。这一新的行政机构旨在整合原本分散于文部科学省、厚生劳动省和内阁府等部门的儿童政策，以儿童的最大利益为核心，统筹政策制定与执行。儿童家庭厅的主要职能包括：制定和规划儿童与育儿支援的基本政策；实施儿童虐待防止措施；推进儿童脱贫对策；实施促进青少年健康成长的相关政策。该机构的设立显示出，日本政府将少子化应对和儿童权利保障列为国家的核心议题和首要任务之一，并希望通过这一举措切实提高儿童政策的统一性与效率，加强对儿童权利的保障，并在中央层面实现跨部门的综合性儿童支援。

2024 年，日本通过了《孤独和孤立对策推进法》，旨在推动综合性措施以应对社会中日益加剧的孤独和社会隔离问题。尤其是在新冠疫情期间，孤独和社会隔离问题趋于严重，引起社会广泛关注，这成为推动该法律出台的背景之一。该法律的主要内容包括：确定孤独和社会隔离对策的基本理念，明确国家和地方政府的责任，设立孤独和社会隔离对策推进会议，并制订针对这些问题的基本计划。此外，该法律借鉴了国际社会的一些相关经验，例如英国设立"孤独大臣"职位，目的是通过加强社会联系、促进社区活力、预防并早期应对心理健康问题等，构建由政府、民间组织和非营利组织共同参与的全面支援机制。

这些政策的共同点在于，面对日益复杂化和多样化的社会问题，单一制度或组织已难以有效应对。因此，各机构之间需要加强合作，采用跨领域协作的方式，以提升应对成效。

此外，为推进行政领域的数字化转型，日本政府于 2021 年设立了数字厅。作为日本实现数字化社会的指挥中心，数字厅在社会保障领域积极推动数字化转型，包括普及个人编号制度及加速推广在线申请服务等。

（二）公众获取社会保障服务的障碍：来自咨询服务现场的观察

笔者作为一名社会工作者，日常从事咨询服务（咨询援助）工作。以下将结合咨询服务现场的实践和参与观察，对公众获取社会保障服务的现实阻碍加以讨论。

首先，信息分散以及信息获取有难度是主要问题之一。目前，日本尚未建立一个囊括所有社会保障制度信息的综合平台。各地方政府所投放的信息，无论是通过官方网站还是通过分发的宣传资料，通常会按照服务对象的属性（如残障人士、育儿家庭、老年人等）进行分类，未能顾及信息的全面性，这就加大了居民搜索契合自身需求的相关信息的难度。

其次，信息表达方式也是一大障碍。很多社会保障相关的宣传资料通常用语晦涩，满是难懂的术语和行政化的语言，这使民众尤其是文化水平较低或处于困境中的人难以理解这些信息。

再次，行政部门的条块分割加重了服务使用者的负担。地方政府的社会保障服务窗口通常按不同部门分设，导致居民需要在多个窗口之间反复奔走，才能完成所需的各项手续。而且沟通渠道也相对有限，目前多数地方政府仍主要依赖面对面到访或电话咨询，采用在线咨询服务的地方政府较少。这耗费了居民大量的时间和精力，也给他们带来一定的精神压力。

从次，援助服务缺乏使用者视角的问题尤为突出。以单亲家庭经济援助制度为例，领取儿童抚养补贴时，受益者每年需提交一次现状报告，并与行政人员进行面谈。但是，办理这些手续的时间通常与学校暑假重叠，单亲家长就不得不在兼顾工作和照顾孩子的同时，留出时间专门跑一趟政府部门。这个例子表明，现行社会保障制度的设计更多是基于服务提供方的逻辑，而没有充分考虑服务使用者的生活安排和现实情况。

最后，社会污名也是阻碍公众获取社会保障服务的一个关键影响因素。许多潜在的服务使用者因感到羞耻或内疚而犹豫是否申请相关服务。在生活保障制度中，许多人担心会因明明有工作能力却偷懒的偏见而被贴上标签或受到歧视，从而放弃申请。即使是用于补贴学习用品等费用的助学制度，尽管有明确的申请标准，但有些地方政府仍要求申请人在申请书中详细说明具体的补贴理由，而不允许仅以单亲家庭或生活困难为申请依据。这种社会污名不仅体现在行政操作中，而且深植于社会意识形态，这使问题的解决变得更加复杂和艰难。

以上问题表明，现行的社会保障制度主要是基于服务提供方的逻辑进行设计，对服务使用者的需求和生活状态缺乏充分的考虑。同时，制度设计整体缺乏对使用者应有的关怀，包括污名问题以及制度利用中存在的心理障碍问题。其结果就是，许多原本需要帮助的人却无法顺利获得适当的支持和服务。

（三）日本社会保障制度福利给付的数字化：现状与挑战

在日本政府推进的社会保障制度福利给付的数字化转型政策中，"我的门户网站"（https：//myna.go.jp/）项目尤其值得关注。"我的门户网站"是一个面向所有公众的个人门户网站，支持个人进行行政手续查询、在线申请及个人信息管理。不过，该项目目前也面临诸多挑战。

首先，"我的门户网站"在功能上有其局限性。目前通过该平台可查询的制度数量、与平台实现对接的地方政府以及可办理的手续相对有限，尚未实现全面普及。截至 2023 年 3 月 31 日，只有 65% 的地方政府支持通过"我的门户网站"在线申办与育儿和护理相关的 26 项手续。①
此外，2020 年地方政府重点推进的网上办理手续（58 项）的在线利用
率仅为 52.8%，② 这表明该平台在普及和使用上仍有很大的提升空间。

其次，"特定公共补助"也存在局限。前述"特定公共补助"主要局
限于当发生灾害或暴发传染病时直接发放的 16 项福利，而其他大多数社会
保障制度的福利给付仍需依赖申请，即由个人主动提交申请。自动推送型
福利给付的福利对象和覆盖范围非常有限。

再次，个人编号系统的信任问题同样值得关注。个人编号是日本政府
于 2015 年推出的个人识别号码系统，旨在提高税收、社会保障和灾害应对
等行政程序的效率，推动社会的公平公正。然而，公众对该系统的信任度
并不高。根据某报社的民意调查，只有约 50% 的公众表示信任个人编号系
统。③ 如何提高公众对这一系统的信任度，加深他们对其潜在作用的理解
并提升系统利用率，是推动社会保障制度数字化转型亟待解决的关键问题
之一。

最后，缺乏使用者视角的问题依然存在。"我的门户网站"及其他数
字服务平台仍保留了不少晦涩难懂的政策语言，给使用者带来了理解上的
障碍。因此，改善语言表达方式，使其更加简洁易懂，成为提高公众使用
服务效率的当务之急。

这些问题表明，单纯依赖数字化并不足以克服现有挑战，需要基于以
人为本的服务设计对社会保障制度福利给付的整个流程进行全面改进。尽
管数字化为改革社会保障带来了诸多可能性，但仅靠技术革新并不够，甚

---

① 日本数字厅：《关于地方政府在线申办与儿童保育和护理相关 26 项手续的政策导航》
（自治体での子育て・介護関係の26手続のオンライン化取組状況に関するダッシュボ
ード），https://www.digital.go.jp/resources/govdashboard/administrative_procedures_
online#guidance1，最后访问日期：2025 年 4 月 9 日。

② 日本总务省：《2020 年地方公共团体在网上办理的申请、申报等手续的在线使用情况》
（令和 2 年度における地方公共団体が扱う申請・届出等手続のオンライン利用の状
況），https://www.soumu.go.jp/menu_news/s-news/01gyosei07_02000133.html，最后访
问日期：2025 年 4 月 9 日。

③ 寺本大藏：《朝日舆论调查：个人编号制度 56% 不信任》（マイナンバー制度　56% が信
頼せず　朝日世論調査），https://digital.asahi.com/articles/ASRDK7WFNRDGUZPS008.
html，最后访问日期：2025 年 4 月 9 日。

至可能会放大现有的问题。因此，在推进社会保障制度福利给付的数字化转型时，除引入技术外，更需要从使用者的视角出发，提供更为清晰的信息，简化申请流程，并采取综合性对策以减少社会污名等。

此外，数字化进程也带来了一些新问题，需引起足够的重视，如数字鸿沟扩大和个人信息保护隐忧等。我们必须确保老年人、残障人士以及不熟悉数字设备的群体不会被排除在外。为此，构建数字化与面对面支持相结合的混合型支援体系是未来的重要课题之一。

接下来一部分将详细探讨服务设计和基于数据的画像分析这两个概念。这些方法通过融入使用者视角，同时充分发挥数字技术的优势，有望提高社会保障制度的可及性，推动个体化支持的实现。

三　服务设计和基于数据的画像分析

（一）服务设计的概念与方法

服务设计是一种从服务使用者的视角出发，对整个服务体验进行优化的设计方法。该方法强调深入理解服务使用者的需求和期望，并基于这些理解进行整体服务设计。服务设计通常借助以下几种主要方法。

使用者角色设定：通过构建典型使用者的形象，从他们的视角审视制度设计。例如，可以设定"育儿中的母亲"或"在工作和护理之间挣扎的中年男性"等角色，以深入理解这些群体的需求和困境，从而优化服务的各个环节。

使用者服务轨迹图：该方法通过对使用者从开始接触服务到完成各流程的全过程进行可视化操作，帮助识别服务中的潜在问题。以社会保障制度福利给付为例，使用者服务轨迹图可以展示信息获取、申请、领取福利、后续生活支持的各个阶段，并按时间顺序标注使用者在每个阶段的服务使用感受及所面临的挑战。

服务蓝图：这也是一种可视化工具，用于展示服务提供的完整流程，通过优化前台（与使用者直接接触的部分）和后台（服务提供方内部处理的部分）的协作，提升整体服务效率。在社会保障服务中，服务蓝图将窗口受理申请、审核、福利发放的各个步骤分解为使用者行为、工作人员应对及后台处理的流程图。通过这种方式，可以识别出流程中的问题，进而提高整个业务流程的效率，同时改善使用者的整体体验。

Trischler 和 Westman Trischler（2022）在谈论服务设计中的数字技术应用时指出，"数字技术有可能深刻地变革使用者的价值创造过程"。数字技术可以彻底变革服务使用者与服务提供方的关系、获取服务的方式、收集信息的方式等。尤其是在社会保障服务的申请过程中，数字技术的应用有可能极大地改善用户体验，显著提高制度的可及性。

（二）服务设计在公共领域的应用案例及其效果

服务设计的理念和方法在公共领域的应用情况如何，产生了哪些具体效果？

典型的应用案例包括英国的 GOV. UK、澳大利亚的 myGov 和芬兰的 Kela. fi。这些案例展示了以使用者为中心的设计方法如何帮助实现高效的数字化服务。

GOV. UK 是英国政府于 2012 年推出的综合性政府门户网站，旨在整合所有政府信息和服务，并为市民提供便捷的服务界面。该平台采用了"移动优先"的设计策略，并基于使用者行为分析进行持续优化。目前该平台每周访问量超过 100 万次，其中 60% 以上的访问来自移动设备。[①] 此外，GOV. UK 的内容编写也坚持以使用者为中心的原则，确保语言简明易懂，方便使用者更好地理解和获取所需信息。[②]

澳大利亚的 myGov 是联邦政府于 2013 年推出的综合性在线服务平台，旨在通过单一登录入口让公众访问多个政府服务界面。经过近十年的运营，myGov 已发展为澳大利亚规模最大的数字认证平台，整合了 15 项主要

---

① 《GOV. UK 主页的大胆新外观》，https：//insidegovuk. blog. gov. uk/2023/11/01/a-bold-new-look-for-the-gov-uk-homepage/，最后访问日期：2025 年 4 月 10 日。

② 《我们的编写原则》，https：//www. ethnicity-facts-figures. service. gov. uk/style - guide/principles/，最后访问日期：2025 年 4 月 10 日。

的政府数字服务。截至 2022 年 9 月，平台活跃账户数量从 2017 年 6 月的 1170 万个增至 2500 万个，年均增长率达到 16.8%。其中，60% 的访问来自移动设备，超过 47.7 万用户使用了专门的移动应用程序。myGov 平台还带来了显著的经济效益，预计通过"增强版 myGov"项目的全面实施，未来十年将创造超过 32 亿美元的经济收益。①

芬兰的 Kela.fi 是由芬兰社会保险机构（Kela）运营的官方网站，旨在为公众提供全面的社会保障信息和在线服务。该平台涵盖养老金、健康保险、失业补助、家庭补贴等多项社会保障服务，既提供信息支持，又接受相关申请。Kela.fi 每年访问量约为 6000 万人次，平台设计特别考虑了移动端用户的需求，致力于提供与日常生活相关的信息，并为用户提供更为清晰的使用指南。

从这些案例中，我们可以总结出以下五个成功的关键要素：（1）基于使用者行为分析并持续优化流程；（2）支持移动端的重要性（所有案例中移动端的访问占比均在 60% 以上）；（3）搭建整合式服务供给平台；（4）采用使用者参与式开发流程；（5）专注于提升访问可及性和服务可用性。

这些要素直接促成了服务使用率和使用者满意度的提升以及行政成本的降低。同时，这也表明数字化转型是一个持续的过程。各平台在不断发现新问题的同时，始终致力于通过优化流程进一步提升服务可及性、可用性和用户体验支持体系。

可以说，基于服务设计的门户网站和电子申请系统，从解决信息分散问题和简化手续流程的角度来看，确实有助于降低公众获取社会保障服务的成本。然而，仅依靠这些措施仍不足以实现"不让任何一人掉队"的目标。例如，对于那些对自身需求缺乏认知、不了解相关制度，甚至不知道这些门户网站的人群来说，无论服务如何改善，他们可能依然无法获得使用这些服务的机会。此外，数字素养较低的老年人、残障人士以及缺乏互

---

① 《关键国家基础设施：myGov 用户审查》，https://my.gov.au/content/dam/mygov/documents/audit/mygov-useraudit-jan2023-report-summary.pdf，最后访问日期：2025 年 4 月 10 日。

联网接入条件的人，往往难以享受数字化带来的便利。

（三）基于数据的画像分析的概念和方法

针对上述问题，基于数据的画像分析或可提供有效的解决方案。基于数据的画像分析是一种通过分析个人或群体的特征、行为模式和需求，提供适当服务和支持的方法。主要的分析方法包括统计分析、机器学习和文本挖掘等。通过统计分析，可以研究年龄、收入、家庭构成等属性与社会保障制度使用率之间的关系，从而识别需要重点支持的群体。机器学习可以基于以往的支持数据，自动提取有效的支援模式。文本挖掘则能从咨询记录等非结构化数据中提取常见问题和需求，进一步用于优化服务和提供决策支持。

在充分考虑个人信息保护的前提下，整合并分析多种数据，可以针对每名居民的具体情况与需求提供更加主动且精准的福利和支持。

（四）社会保障制度福利给付及咨询服务中的基于数据的画像分析现状

根据欧盟《通用数据保护条例》（GDPR）第 4 条第 4 款的定义，画像分析涉及自动化数据处理，通过处理个人数据来评估自然人的个体特征。

欧盟各国的社会保障制度已逐步应用并开展基于画像分析的多种实践。[①] 例如，法国的家庭津贴基金（CAF）使用 Oracle Intelligent Advisor 系统，为 1800 万名申请住房津贴和就业补助的居民自动计算补助金额。该系统还提供在线申请时自动估算补助金额的模拟功能，简化了申请流程。

在爱沙尼亚的失业保险基金管理中，有关失业救济金的许多决策实现了完全自动化。系统能够从多个数据库获取并归集申请者的信息，自动判定其领取资格和补助金额。此外，爱沙尼业还使用了一种名为 OTT 的决策支持工具，通过评分系统对失业者的就业可能性进行分析，帮助咨询员提供更精准的支持。

---

① 《外国政府 AI 相关法制建设及 AI 引入案例调查研究报告书》（「諸外国政府における AI 関連法制及び AI 導入事例に関する調査研究」報告書），https：//www.soumu.go.jp/main_content/000905357.pdf，最后访问日期：2025 年 4 月 10 日。

瑞典特雷勒堡市引入了一套自动化 AI 系统，用于处理居民的生活救济金申请。该系统能够将申请者的线上录入数据与相关机构的数据库进行比对，自动判定其资格和补助金额，从而提高了处理效率。

在芬兰社会保险机构（Kela），常规事务的决策已经完全实现了自动化，无须人工干预。例如，助学金的发放及根据家长最新收入信息定期调整助学金金额等，由系统自动完成。

欧盟各国的这些举措体现了全球社会保障制度向效率化和个性化服务发展的重要趋势。在这一趋势下，日本也在其独特的法律体系和社会背景下，推动数据利用和画像分析在社会保障领域的引入与应用。基于数据的画像分析在日本社会保障领域的应用主要体现在以下五个方面：（1）推送型信息发布；（2）推送型福利发放；（3）高风险人群（如自杀风险者）的识别和外展服务；（4）儿童虐待应对中的虐待风险评估；（5）儿童支持相关的数据共享。以下将逐一列出这些领域的具体举措。

1. 推送型信息发布

千叶市有"您可以使用的制度通知服务"，可通过 LINE（相当于日本版的微信）或电子邮件向每名居民提供量身定制的行政服务信息。这项服务活用了市政府掌握的居民信息，直接向居民推送可能适合他们的相关政策和服务信息。

此外，日本还与各大移动运营商开展合作，包括向手机欠费的用户以短信方式推送介绍孤独和孤立对策网站"你并不是一个人"等。这正是一种主动提供信息支持的尝试。

2. 推送型福利发放

正如前文所述，自 2021 年《公共资金接收账户注册法》实施以来，地方政府能够利用个人编号系统确认福利发放条件，并直接向符合条件的居民发送通知。通过这一措施，16 项自新冠疫情以来针对育儿家庭和生活困窘者的补助金实现推送型福利发放。

3. 高风险人群（如自杀风险者）的识别和外展服务

厚生劳动省和非营利组织联合谷歌，利用搜索引擎，在用户搜索自杀相关关键词时显示咨询窗口的信息。这一举措尝试通过搜索引擎识别自杀高风险个体，并为其提供适当的支援服务。除自杀高风险者外，该项目还覆盖了孕产妇、家暴受害者、（药物、赌博、酒精）成瘾者、抑郁症患者、性少数群体以及虐待（被虐待）者等群体，取得了显著成效。

4. 儿童虐待应对中的虐待风险评估

儿童虐待应对领域已逐步采用人工智能技术。自 2020 年 7 月起，三重县开始运用基于人工智能的虐待应对支援系统。该系统由产业技术综合研究所开发，包含名为"AiCAN"的平板应用程序和数据分析 AI 业务支持系统。当在 AiCAN 中输入儿童信息时，人工智能会基于历史数据进行预测和模拟，生成"虐待危险度""复发率""临时保护必要性"等分析结果。此外，东京都江户川区的儿童咨询所 Heart Port 自 2021 年 9 月起也试行人工智能应用，通过通话语音分析和监控系统提升业务效率。该系统能够将通话语音实时转换为文本，并在检测到特定关键词时自动发出警报。

5. 儿童支持相关的数据共享

从 2023 财年开始，儿童家庭厅在多个地方政府实施了儿童相关数据整合共享的示范项目。① 该项目希望通过整合和利用儿童相关的数据，及早发现需要支援的儿童，并为其提供适当的支援服务。例如，尼崎市构建了一个"新集成系统"，将福利系统"儿童成长支持系统"和教育系统的数据进行共享与整合。该系统针对 0~18 岁人群，在整合数据（如居民记录、健康、税务、生活保障、残疾福利、学校等多项信息）的基础上，判断其可能需求的支援服务，并推动了推送型支援的试点工作。不过，在这些示范项目中，数据共享的潜力和挑战同时显现：尽管整合多样化的数据可以更准确地判断支援需求，但个人信息保护、数据准确性保障以及跨机构协作机制等问题也日益凸显，亟待解决。

如上所述，日本国内基于数据的画像分析应用案例正逐渐增多。这些举措有望实现个性化信息推送、自动现金补助、高风险人群的识别和外展、业务效率提升及支援员工服务质量的标准化等。然而，基于数据的画

---

① 《推动儿童数据协作》（こどもデータ連携の取組の推進），https://www.cfa.go.jp/policies/kodomo-data，最后访问日期：2025 年 4 月 10 日。

像分析也伴随着诸多问题，以下将进行详细探讨。

（五）基于数据的画像分析存在的问题

基于数据的画像分析在提高社会保障制度效率以及实现个性化服务方面发挥着重要作用，但同时也带来了一些严重的伦理和法律问题。这些问题大致可以分为两类：一类是从欧盟国家的实际案例中呈现的具体问题，另一类则是更为普遍的伦理关切。

1. 从欧盟国家案例看具体挑战

基于数据的画像分析的首要问题是透明度不足。以荷兰的 SyRI 系统为例，该系统所使用的风险模型和风险指标并未向公众公开，且没有向数据主体通知有关数据使用情况的义务。因此，海牙地方法院在 2020 年 2 月裁定，SyRI 系统的使用违反了《欧洲人权公约》第 8 条规定的隐私权。

隐私和个人数据保护问题同样严峻。以荷兰税务与海关管理局为例，数据保护监督机构发现，2014 年 1 月至 2020 年 6 月，税务与海关管理局在评定育儿津贴申请时收集了申请人的双重国籍数据，而这些数据并非必要，违反了数据保护的相关规定。

人们还担心自动化系统可能会对特定群体产生歧视性结果。已有研究者指出，奥地利的就业机会支持系统（AMAS）可能会对女性和移民群体自动给出较低的评价。

此外，人工监督不足也是一个需要关注的问题。据报告，在波兰的失业者画像分析系统中，系统自动生成的分类结果经工作人员重新审查和定类的比例不足 1%。

从法律角度来看，自动化系统的合法性同样面临挑战。以芬兰国税局的自动税额决策系统为例，2019 年 11 月，荷兰议会副监察专员裁定该系统的法律依据不符合宪法要求。

系统所使用的数据还存在准确性和时效性的问题。荷兰的欺诈行为信号登记系统（FSV）就曾因包含不准确且过时的信息而引发关注并受到质疑。2022 年 4 月，荷兰数据保护监督机构对此处以 370 万欧元的罚款。

2. 基于数据的画像分析的伦理问题

基于数据的画像分析具备很多优势，如提供个性化的信息和高效的支持，但同时也会带来一些重要的伦理问题。例如，在日本，截至 2023 年 7 月，共发生了 940 起银行账户被误登为他人 My Number 公共福利支付账号的情况（其中有约 200 起甚至发生在报错提示之后）。① 对此，日本数字厅解释称，主要是因为（使用者）未能从设备中正确登出/注销。家庭账户出现错误注册的数量也增至 14 万起，无疑凸显了背后的隐私保护和数据准确性等问题。因此，需对诸如歧视与偏见改善、确保透明度和问责制，以及有关数据质量和代表性的问题等加以认真考虑。

3. 歧视问题：从 Favaretto 等人的研究出发

Favaretto 等（2019）对大数据带来的歧视问题做了系统梳理和全面分析。他们基于对 2010~2017 年发表的 61 篇学术论文所做的文献综述，深入探讨了大数据与歧视之间的关系。该项研究以其综合性和前瞻性，为理解大数据技术中的歧视风险及应对策略提供了重要见解。研究指出，数据挖掘技术可能导致歧视，相关具体案例如下所示。

种族歧视：美国一项用于评估再犯风险的系统技术被发现对黑人存在歧视性倾向。此案例表明，尽管数据挖掘技术本身并不带有恶意或倾向性，但它可能在无形中给过去曾遭受歧视的群体带来不公平的结果。

经济歧视：英国一项用于决定拘留的算法被发现对低收入群体存在歧视性倾向。此案例显示，算法在某些情况下可能基于社会经济因素产生歧视。

数字鸿沟引发的歧视：美国波士顿的"Street Bump"应用程序原本是为了向市民报告发生道路塌陷点位等情况而开发的，但该应用程序的使用依赖于智能手机，这可能会扩大社会差距，尤其是在老年人群体以及经济困难市民较多的社区，智能手机的普及率较低，因此很可能会进一步拉大

---

① 《My Number 卡号问题：尽管数字厅发出报错提示，仍有 200 个公共账户上报了错误注册》（My Number Card issues: Despite Digital Agency warnings, 200 incorrect registrations reported in public accounts），https://digital.asahi.com/articles/ASR7475CPR74ULFA01S.html，最后访问日期：2024 年 7 月 25 日。

与年轻人以及智能手机普及率较高的富裕地区之间的差距。此案例表明，数据挖掘技术有可能在无意间加剧数字鸿沟，导致特定群体在获取社会服务和资源分配机会方面处于劣势，甚至被边缘化。

这些案例表明，无论是否有意为之，数据挖掘技术都可能导致歧视的延续甚至加剧。Favaretto 等（2019）指出了与这一问题相关的两个重要课题。一是关于透明度和问责制的保障，他们指出："算法决策经常被形容为一个黑箱系统，人们虽然能看到输入和输出，但内部的处理过程却仍然不透明。"二是关于数据质量和代表性的问题，他们提出警示："数据收集中存在的偏见可能表现为特定群体或受保护类别在数据集中的代表性不足，这可能导致不公平或不平等的对待。"

算法决策是一个很复杂的问题，既涉及客观性，又涉及人的主观性。尽管数据挖掘技术有可能减少人类的歧视和偏见，提升决策的公平性，但算法本身并非完全中立，可能反映出设计者的偏见或源自训练数据中的偏差。

4. 应对课题和未来发展方向

在社会保障制度中运用画像分析有助于提高服务效率并实现个性化支持，但如何平衡个人权利与隐私保护成为关键问题。为了防止歧视性结果的发生，必须在算法设计与实施过程中及数据集中的潜在偏见方面采取有效措施。因此，需要将技术解决方案和以人为中心的策略进行有益的结合。具体而言，需要持续进行人类专家监督、实施伦理审查、对算法进行谨慎的设计与实施，并识别和纠正数据集中的潜在偏见。

综上所述，在开展基于数据的画像分析时，必须在充分发挥其优势的同时，充分重视相关的伦理问题。应采取以人为本的方法，确保不会加剧现有的歧视和偏见，也不会产生新的歧视和偏见。这种平衡对于实现公平且有效的数据使用至关重要，将推动各国社会保障制度的进一步发展。

四　实现数字化转型的综合性方法

在前面的内容中，我们探讨了日本社会保障制度存在的问题，特别是阻碍公众获取社会保障服务的因素。针对这些问题的解决方案，我们考察了服务设计和基于数据的画像分析这两种重要方法。然而，仅单独应用这些方法，难以实现"不让任何一人掉队"的目标。

本部分将重点讨论实现数字化转型的综合性方法。这不仅仅涉及技术的简单引入，更是从制度设计的基本理念到服务提供方式，再到与使用者的互动，全方位重构社会保障体系的尝试。以下将详细讨论这种方法具有的优势及其实施过程中面临的挑战。

（一）数字化转型综合性方法的优势

数字化转型不仅仅是单纯的业务数字化，更是利用数字技术从根本上变革组织和服务的运作方式。在社会保障领域，数字化转型可以将前述的服务设计与基于数据的画像分析相结合，从而建立更高效、以使用者为中心的制度。数字化转型综合性方法的优势包括以下几点。

无缝的支持系统：通过门户网站等平台，将多项制度和服务进行跨领域整合，提供全面的支持。例如，将育儿支援、就业支援和经济支援的信息及其使用流程一元化，能够减轻公众负担并提升支援效果。这有助于解决前文提到的行政部门条块分割问题，大幅提高了服务使用者的便利性。

预测性和预防性方法：通过数据分析，可以在问题恶化之前进行早期干预。例如，结合儿童的学校出勤情况、成绩数据和家庭环境信息，能够及早发现儿童受虐待或逃学的情况，并提供适当的支持。这个案例基于对前文第三部分提到的画像分析技术的应用，同时充分考虑了其伦理问题。

个性化支持：根据个人需求和情况，提供定制化的支持。例如，结合老年人的健康数据和生活习惯数据进行分析，为每个人制订优化的预防护理计划。这是充分利用前文第三部分讨论的基于数据的画像分析优势的一个典型案例。

提升用户体验：通过直观且易于使用的系统界面，降低社会保障制度的使用门槛。例如，利用支持多语言的 AI 聊天机器人提供 24 小时咨询服务，或借助语音识别技术系统更好地支持福利服务申请，可以满足更多元的使用者的需求。这些技术的引入有效解决了前文第二部分提到的信息分散和民众理解困难的问题。

提升行政效率：通过数据共享减少重复工作，并利用 AI 实现标准化业务的自动化。例如，结合文字识别和 AI 的申请表格自动检查系统可以显著提高审核效率，而机器人流程自动化（RPA）则能自动处理例行事务，从而降低行政成本并提升工作质量。这使人力资源可以集中在复杂且需要更高级别判断的任务上。

基于证据的政策制定：通过大规模数据分析，可以客观评估政策效果，并实现快速反馈和改进。例如，持续分析各类补助金的发放情况及领取者的生活状况变化，可以为制定更有效的支持政策提供依据。这正是前文第三部分讨论的数据应用于政策层面的实践案例。

以使用者为中心的服务再设计：数字化转型为全面应用服务设计原则提供了机会，推动行政流程从以往的政府中心模式转变为真正以使用者为中心的设计。例如，利用使用者服务轨迹图和角色设定等服务设计方法，可以优化社会保障服务的整体用户体验。这将提升制度的可及性，直接解决前文第二部分所指出的缺乏使用者视角的问题。

以下是假设上述优势得到社会化应用后的场景。

203×年，居住在东京都的佐藤一家的日常生活

佐藤美咲（35 岁）与丈夫健太（38 岁）、女儿结菜（8 岁）以及出现认知症征兆的母亲幸子（68 岁）生活在一起。有一天，美咲查看手机通知时，收到了这样一条信息："美咲女士，您母亲幸子最近的行为模式出现了一些变化，可能有认知症加深的迹象，建议进行详细的健康检查。"

这条通知来自一个分析幸子健康数据和生活习惯数据的个性化健康管理系统。美咲立刻采取了行动。

她登录了"全民社会保障"（みんなの社会保障）门户网站，输入了母亲的最新信息，系统立即展示了有关认知症早期诊断项目、护理服务以及针对家庭的支持计划等综合信息。此外，系统根据美咲的工作状况和家庭构成，还推荐了针对性的支援服务，以便她能兼顾自

己的工作和母亲的护理。

美咲使用语音识别申请了所需的服务，AI助手为她详细解释了每个步骤，系统自动收集并提交了所有必要的文件。几分钟后，完成了申请，美咲可以实时查看处理状态和进度。

与此同时，她收到了女儿结菜的学校发来的通知。从结菜近期的出勤情况和成绩数据分析中，系统检测到结菜有逃学的风险。学校向美咲推荐了与之有合作的早期干预支持项目，美咲随即预约了与心理咨询师的在线咨询。

美咲的丈夫健太也在"全民社会保障"门户网站上输入了自己的工作和家庭状况变化信息。系统根据整个家庭的需求，提出了一个全面的支持计划。这个计划包括如何申请育儿和护理休假、经济支援制度的详细信息，还推荐了帮助缓解家庭压力的心理咨询服务。健太可以方便地浏览这些服务。

几天后，美咲接到来自政府的通知。基于对她家人的情况以及整个地区数据的分析，政府制定了一项新的家庭支持政策。值得一提的是，美咲作为居民有机会参与政策制定的过程，可以分享自己在照顾家庭方面的经验和见解。

通过这一系列事件，佐藤一家能够以极为高效且用户友好的方式获得全面的、个性化的支持。得益于社会保障制度的数字化转型，他们的生活质量显著提升，同时整个社会也建立了更为有效的支持体系。

（二）日本数字化应用面临的挑战和对策

尽管数字化转型的综合性方法在理论框架中具有普遍适用的要素，但在实际应用时必须充分考虑各国的具体情境。社会保障制度的历史发展、行政体系的结构、法律制度框架、数字基础设施的建设情况，以及公众对数字技术的态度和接受程度等，在各国存在显著差异。例如，像爱沙尼亚这样电子政务高度发达的国家，与对数字化持谨慎态度的国家相比，数字化转型的推进速度和方法论可能存在显著差异。此外，不同文化对隐私的感知差异以及公众对政府的信任度，也会影响数据共享和 AI 应用的接受程度。因此，在运用数字化转型的综合性方法时，必须仔细分析各国现状，并根据其社会、文化和技术特性进行调整与优化。基于此，日本在推进数字化转型过程中需要面对以下几个关键问题，并采取相应的对策。

1. 数字鸿沟与隐私保护

在数字鸿沟问题上，人们担心老年人和残障人士等一些在使用数字技术时感到困难的群体可能会被排除在外。针对这一问题，可能采取的对策包括：提供数字与传统服务的混合支持（如同时提供在线申请与线下窗口申请）、提升数字素养的支援（如举办针对老年人的智能手机使用课程），以及（通过社会工作者或护理主管提供）数字服务使用支持等。

在隐私保护方面，人们对个人信息被不当利用的情况普遍存在强烈担忧，尤其是对数据共享和 AI 应用的抵触情绪较大。为解决这一问题，需要采取以下对策：确保透明度（如提供数据利用可视化仪表盘）、优化同意征求流程（通过简单易懂的说明和分步骤的同意获取）、明确拒绝非预期用途的权利及建立数据治理体系（如设立数据伦理委员会）等。

2. 行政部门条块分割结构和法律制度的完善

由于行政部门条块分割的结构，各部门和地方政府之间的数据共享和业务整合变得困难，阻碍了全面支持的实现。应对这一问题，可以考虑的对策包括推动数据标准化和 API 接口的整合（如在社会保障领域建立通用词汇集等）。

在法律制度方面，必要的对策包括：重新修订个人信息保护法，以明确社会保障领域数据利用的范围；扩大个人编号系统的应用范围，如在教育和就业支持领域的应用；扩充数字程序法，强制要求所有社会保障相关手续实现在线操作；等等。

3. 人才培养与组织文化变革

行政人员中缺乏能够运用数字技术的人才，已成为推动数字化转型的障碍。根据日本内务和通信部 2023 年关于人工智能应用状况的调查，约 47% 的地方政府表示"没有或缺乏可承担此项任务的工作人员"，约 8% 的地方政府则表示"难以理解人工智能技术"。[①] 为应对这一问题，可能的对策包括：在广域地方政府范围内招聘和培养数字化人才（如数据科学家、用户体验设计师等）、构建向基层地方政府派遣人才的支持机制，以及为职员提供数字化转型培训（如 e-学习项目）等。

基于如上挑战和对策，文章第五部分提出一些具体建议，以推进日本社会保障制度的数字化转型。

五 日本社会保障制度数字化转型的建议

（一）扩展"我的门户网站"功能

应在"我的门户网站"上实现并开放所有社会保障制度福利给付的电子申请。通过引入直观且易于操作的用户界面和用户体验设计（UI/UX），并在平台上配备支持 24 小时服务的 AI 聊天机器人咨询窗口，为用户提供个性化的帮助和支持。这一举措有助于提升社会保障制度的认知度和利用率，简化申请流程，降低行政成本，并通过无须面对面接触的申请过程，减少因领取福利而产生的污名化现象。为了实现这一目标，首先应在特定地方政府范围内进行示范性试点，包括：运用服务设计方法开展用户调研和原型设计，分阶段扩展功能并建立和持续优化流程，最后通过居民参与的方式进行公开测试。

（二）建设数据共享平台并推进 AI 应用

建议开发能够实现各部门和地方政府间数据共享的通用 API 平台。同时，开发基于机器学习模型的预测性支持系统，并引入自动化工具，应用于各类现金发放制度的申请、审查和发放流程。

这些措施预计能带来诸多积极效果，包括扩大推送型福利发放的应用

---

① 日本内务和通信部：《2023 财年地方政府人工智能应用的调查结果》（Survey Results on the Introduction of AI in Local Governments in Fiscal Year 2023），https://www.soumu.go.jp/main_content/000934146.pdf，最后访问日期：2024 年 7 月 25 日。

范围、实现无缝的综合支持、通过早期介入预防问题恶化，以及促进基于数据和证据的政策制定等。为确保这些目标的达成，必须制定数据标准化指南、完善 AI 伦理指南，并建立独立的第三方评估制度。

（三）构建数字化与传统服务相结合的混合支持体系

建议推进整合数字化与传统服务渠道的全方位支持体系。具体措施包括：社区层面由数字化推进委员①与社会福利协议会的社区社会工作者合作，推动地方政府远程窗口与实体服务窗口的联动。关于后者，一些地方政府已在商业设施等场所设立服务窗口，或将远程服务设备安装于大型车辆中，作为移动服务点提供支持。

混合支持体系预计能产生多方面的积极效果，包括缩小数字鸿沟、增强社区活力，以及提供更加灵活高效的支援服务。为达成这些目标，需开发针对地方政府职员的数字技能培训项目，构建与地区社会组织及民间企业合作的数字支持体系，并通过完善地方政府的远程办公环境，推动服务窗口的虚拟化。

六 结论

（一）研究成果

本研究围绕服务设计与基于数据的画像分析，探讨了日本社会保障制度数字化转型的潜力，得出了以下几点结论。

（1）现行的社会保障制度体系存在信息分散、信息表达复杂以及行政部门条块分割等问题，导致福利给付的可及性受到限制。

（2）采用服务设计方法，可以从使用者的视角重新审视和优化系统设计。

（3）基于数据的画像分析提升了个性化支持和预防性干预的可能性与

---

① 日本数字厅：《数字推进委员的工作》（デジタル推進委員の取組），https：//www. digital. go. jp/policies/digital_promotion_staff#guidelines1，最后访问日期：2025 年 4 月 10 日。

可行性。

（4）将服务设计与数据分析方法融入数字化转型，有助于构建全面、高效的社会保障制度福利给付流程。

（5）日本在推进这些措施时，需特别注重解决数字鸿沟、隐私保护以及行政部门条块分割等问题。

基于这些发现，本研究提出了以下具体建议：（1）扩展"我的门户网站"功能；（2）建设数据共享平台并推进 AI 应用；（3）构建数字化与传统服务相结合的混合支持体系。

（二）未来的课题与展望

本研究的意义在于展示了通过在数字技术（如数据与 AI）利用中融合以人为本的服务设计理念与方法，实现以使用者为中心的社会保障制度福利给付流程的可行性。基于此，未来关于社会保障制度福利给付数字化转型的研究课题与展望包括以下几点。

（1）开展国际比较研究：需要对各国社会保障制度数字化转型的进展进行比较分析，探讨文化和制度背景差异的影响，提取具有普遍适用性的关键要素。

（2）精炼服务设计与数据画像分析的综合模型理论：应进一步强化本研究提出方法的理论基础，构建结合社会保障制度特有要素的综合模型。

（3）开展有关伦理与法律问题的跨学科研究：对于数据利用与隐私保护的平衡、AI 应用的公平性等与数字化转型相关的伦理和法律问题，需通过与社会学、法学、伦理学等学科的跨领域合作，深入探讨并寻求解决方案。

解决上述课题，从理论和实践两个层面推动研究的深化发展，有助于进一步促进社会保障体系的数字化转型，并为实现"不让任何一人掉队"的包容性社会作出积极贡献。

参考文献

Abe, A. K. 2003. "Low-income People in Social Security Systems in Japan." *Japanese*

Journal of Social Security Policy 2（2）：59-70.

Currie, J. 2006. "The Take-up of Social Benefits." *Public Policy and the Distribution of Income*.

Favaretto, M., De Clercq, E., & Elger, B. S. 2019. "Big Data and Discrimination: Perils, Promises and Solutions." *A Systematic Review*, *Journal of Big Data* 6（1）：1-27.

GOV. UK.（2023, November 1）. A bold new look for the GOV. UK homepage. Inside GOV. UK. Retrieved July 25, 2024, from https: //insidegovuk. blog. gov. uk/2023/11/01/a-bold-new-look-for-the-gov-uk-homepage/.

GOV. UK.（n. d.）. Style guide. Retrieved July 25, 2024, from https: //www. ethnicity-facts-figures. service. gov. uk/style-guide/principles/.

Ko, W. and Moffitt, R. A. 2022. "Take-up of Social Benefits." *Handbook of Labor, Human Resources, and Population Economics*.

Mergel, I., Edelmann, N., & Haug, N. 2019. "Defining Digital Transformation: Results from Expert Interviews." *Government Information Quarterly* 36（4）.

myGov. 2023. myGov User Audit January 2023 Report Summary. Retrieved July 25, 2024, from https: //my. gov. au/content/dam/mygov/documents/audit/mygov-useraudit-jan2023-report-summary. pdf.

Trischler, J. & Westman Trischler, J. 2022. "Design for Experience—A Public Service Design Approach in the Age of Digitalization." *Public Management Review* 24（8）：1251-1270.

こども家庭庁.（n. d.）. こども関連データの連携による支援実証事業. Retrieved July 25, 2024, from https: //www. cfa. go. jp/policies/kodomo-data.

こども家庭庁.（n. d.）. ホームページ. Retrieved July 25, 2024, from https: //www. cfa. go. jp/.

デジタル庁.（n. d.）. デジタル推進委員. Retrieved July 25, 2024, from https: //www. digital. go. jp/policies/digital_promotion_staff#guidelines1.

デジタル庁.（n. d.）. ホームページ. Retrieved July 25, 2024, from https: //www. digital. go. jp/.

デジタル庁.（n. d.）. 行政手続のオンライン化の状況. Retrieved July 25, 2024, from https: //www. digital. go. jp/resources/govdashboard/administrative_procedures_online#guidance1.

マイナポータル.（n. d.）. ホームページ. Retrieved July 25, 2024, from https: //myna. go. jp/.

朝日新聞デジタル.（n. d.）. マイナンバーを「信頼する」約5割 朝日新聞世論調査. Retrieved July 25, 2024, from https: //digital. asahi. com/articles/ASRDK7WFNRDGUZPS008. html。

厚生労働省.（n. d.）. 重層的支援体制整備事業. Retrieved July 25, 2024, from https: //www. mhlw. go. jp/kyouseisyakaiportal/jigyou/。

総務省．（n. d.）．地方公共団体の行政手続等のオンライン化に係る手続数等の調査結果．Retrieved July 25，2024，from https：//www. soumu. go. jp/menu_news/s-news/01gyosei07_02000133. html。

総務省．（n. d.）．諸外国における社会保障分野のデジタル化の動向．Retrieved July 25，2024，from https：//www. soumu. go. jp/main_content/000905357. pdf。

数字乡村治理的行动者网络分析：
宝山"社区通"案例*

赵德余　吕雅欣**

摘　要：行动者网络理论中的建构路径契合了"互联网+"或数字乡村治理的实际情况。行动者网络的核心是，在一个社会系统或网络中，人类行动者和非人类行动者是同等重要的。行动者在传统社会网络中联络市场、农民和政府，其自身资本和所掌握的信息对乡村治理基础产生的影响也是不可忽略的。行动者自身的社会资本和信息资源成为联结村民与其他组织的桥梁，同时作为乡村治理行动者网络的关键节点，"转译"为各行动者提供了可以接受和实现各自目标的途径。

关键词：互联网+；乡村治理；社区通；网络分析

一　问题的提出

无论是乡村治理还是乡村产业发展，都是乡村振兴的重要方面。优良的乡村治理无疑会促进乡村产业的发展，而乡村产业的振兴则可以为乡村治理提供足够的资源或可持续性的动力机制（赵德余，2023）。不过，类似于乡村产业的组织制度创新会面临合作化的难题，乡村治理也会遭遇村民的集体行动困境，即村民个体之间因激励不足或信息不对称而陷入囚徒困境式的博弈均衡陷阱之中（陈东辉，2022；谢元、张鸿雁，2018）。这

---

　　* 基金项目：教育部哲学社会科学研究重大课题攻关项目（20JZD031）。
　　** 作者简介：赵德余，复旦大学社会发展与公共政策学院教授，研究方向为公共政策理论及其在农业与医疗领域的运用；吕雅欣，复旦大学社会发展与公共政策学院硕士研究生，研究方向为社会工作与乡村建设。

意味着相对于乡村振兴的理想蓝图而言，处于自然状态的乡村的社区服务及公共物品供给能力严重不足，如村庄道路和环境破败、池塘污染严重、村民矛盾缺乏调解或化解机制，以及村民的利益诉求缺乏回应等，每个村民个体的福利都处于低水平均衡状态。尽管不同的学者对此情况背后的原因或激励机制缺失的解释存在差异，但对于乡村治理困境本身很少有异议（贺雪峰，2020；彭涛、牟苑双，2023）。相对而言，优良的乡村治理在数字技术赋权下有助于破除村民"失语"、基层组织权责不清、各行动者之间信息不对称等一系列由来已久的难题，而作为"社区通"运用的代表性地区，宝山区数字乡村治理模式无疑是值得关注与深入研究的成功探索和宝贵经验。

本文主要介绍数字乡村治理模式的逻辑与框架。首先，阐述作为"互联网+"乡村治理重要载体的宝山"社区通"App 的创立背景、发展历程以及主要内容板块与治理成效；其次，从拉图尔的行动者网络理论入手，探讨并构建了一种"互联网+"乡村治理模式的分析框架，即以人类行动者与非人类行动者网络组织为起点，经过问题呈现、利益赋予、征召、动员与异议五个环节实现治理效果，最终形成一个"互联网+"乡村治理模式；再次，探索数字乡村治理模式下行动者网络的必经之点，从而达到政府公权力、团体权益与个性权益之间的平衡；最后，对"互联网+"乡村治理模式的行动者网络，包括结构资源、特征和功能，进行理论探讨。

二　作为数字乡村治理载体的宝山"社区通"

（一）宝山"社区通"的创立背景

截至 2023 年 8 月 1 日，宝山区常住人口约 223.5 万人，有 469 个居委会和 103 个村委员会，区域发展差异大，人口类型多，流动人口多且人口结构复杂（俞祖成，2024）。为了解决新的问题，宝山"社区通"的建设主要包括三个议题。第一，怎样充分发挥地方党组织和各利益有关方党组织的功能？村党组织往往做了大量工作却没有发挥直接和具体的作用，除少数人外，许多人根本不知道它，我们需要寻找新的网站和平台，以便人们能够随时随地看到、找到。第二，如何将资源与人们的需求联系起来？新时代对公共服务提出了新的要求，强调更高质量的公共服务、更有序的公共行政、更多的参与治理和更丰富的激励文化。我们需要探索新的渠道和方式，提供本地、复杂和精准的服务。第三，如何促进各方参与乡村治理？该地区村民和组织的意识取决于各方是否积极参与乡村治理，各方在互联网上有效使用传统治理方法是一个挑战。我们需要利用新技术来改善治理，并增强各方的家园意识和对村庄的熟悉感、归属感。由此可见，宝山"社区通"的出现既是时代的产物，也是以政府为主的多元主体共同努力的产物。与此同时，宝山"社区通"也是一次乡村治理智慧的实践。

（二）宝山"社区通"的发展历程

宝山"社区通"的发展不是一蹴而就的，而是政府联合各方不断优化完善的结果，它从 2017 年创立主要经历了三个版本的迭代升级。

1.0 版：2017 年，宝山区探索构建以居村组织为核心、以居/村委会为基础、以城乡居民为主体、以有效凝聚和精准服务群众为特点的智能管理系统"社区通"，设立"党建园地""社区公告""身边事""议事厅""交流群"等基本板块，明确资讯速递的门户、教育的平台、利民公共服务的网络平台、四治合一（自治、法治、德治、智治）的精神家园等四大功能定位（中共上海市宝山区委组织部，2020）。试点项目于 2 月在月浦启动，并于 3 月扩展到张庙街道，于 5 月扩展到整个地区，7 月底完全覆盖了该地区。区党委、政府发布《工作规范》及相关文件，明确了区、镇、村的职责，建立了以线上线下宣传联动为主的运行机制。

2.0 版：2018 年，宝山区将"社区通"升级至 2.0 版，新上线"大调研""物业之窗""业委连线""警民直通车""家庭医生"等板块，并推出问题跟踪系统，建设"治慧中心"，引入大数据分析助力社区精准治理，并同步优化线下工作机制，完善工作支撑机制。根据问题跟踪系统，宝山区可以自动收集重要问题，建立跨部门之间的联系，并促进问题的逐步解决。自治框架内的问题由村民自行解决；对于难以解决的疑难问题，提供跟进和跟踪系统；历史问题由责任职能部门共同解决，并建立数据分析和评估机制（聂苗，2018）。对"社区通"基础数据进行分析，可以更好地了解村民的想法，以及乡村治理的成效，有助于专项工作报告的编写，准确反映群众的需求，为提高乡村治理水平提供参考。

3.0版：2019年，宝山区被确定为全市首批"社区云"试点区之一，以此为契机，宝山区将"社区通"升级至3.0版，优化问题跟踪系统，实现与城运平台的智能对接，在整合原有板块的基础上推出"垃圾分类""居（村）务公开""乡约宝山"等新板块，进一步提升乡村治理效能。同时，宝山区进一步完善配套制度，优化问题处置机制，制定《社区通群众反映问题回应处置工作方案》，实行"三级巡查、主动发现、分级督办"，确保群众反映的问题24小时内100%回应处置；完善"居村派单"机制，对于超出居村范畴的问题，居村可"一键派单"至区城运平台进行协调处置；健全议事协商机制，进一步规范"议事厅"议事项目转化要求，明确项目落地实施步骤，让社区议事协商成果"有图有真相、件件都公开"；做实群众评议工作，给予群众对问题处置满意度的评价权，每年常态化开展居村"在线评议"，2020年共有14万名居/村民参与；推广"居民打钩"机制，通过制定清单、群众勾选确定一批"社区民心项目"，以便重点推进；探索群众参与机制，面向全区公开招募组建"小通通特派员"队伍，让被选中的群众参与"社区通"运营，已发布各类特派员探点图文6次，超10万人次阅读。①

（三）宝山"社区通"的主要内容板块与治理成效

1. 主要内容板块

"社区通"是基于互联网、云计算、大数据技术的一站式乡村治理云平台，目前包括"人民信箱""爱宝山""乡约宝山""社区公告""党建

---

① 《"社区通"构建互联网时代党建引领社区治理新模式》，https://mp.weixin.qq.com/s/ZP6FihQoB1pFE4yo5q-XpA。

园地""左邻右舍""议事厅""居（村）务公开""物业之窗""社区服务""警民直通车""家庭医生"等板块（王振，2018），是以党建服务为导向、以移动网络为载体、以居村组织为核心、以城乡居民为主导、以有效凝聚和精准服务群众为特色的智能管理系统。概括而言，可以分为以下三大板块。

第一，党建板块包括"党建园地"。在网络时代，基层党组织已不能再通过"敲百家门"和"贴黑板报"等传统方法动员居/村民的积极参与。"社区通"使宝山区党建服务工作在线上和线下都能广泛开展，有效地加强了利益相关者的组织力量和领导能力，使一些党建服务用上了互联网。在整个进程中，"社区通"联结了乡村治理与党的建设，在传递党的声音过程中支持群众工作，让群众参与乡村治理。例如，2018～2021 年，党组织和村民委员会利用"社区通"同时推进线上和线下的选举工作并对整个过程进行了监督，增强了居民的选举意识。在宝山"社区通"中，村庄的治理由党组织书记承担第一责任，村支书是组长，村里的"两委"也承担一些工作，并随着时间的变迁适时回应群众的不同需求。相对而言，党员是一种潜在的和现实的增援力量。在"社区通"中，党员亮明身份（有党的旗帜在用户名后面飘扬），争当先锋表率。2021 年已有近 8 万名党员以此方式展现其带头行动的决心，如积极参与改善村庄环境等活动。各个社团也都有许多活跃的党员，作为党组织的得力帮手向公众发出自己的声音，发挥积极作用。全区义工队伍由"社区通"上线之初的 21 万人迅速增加到目前的 44 万人（郭剑烽，2021）。可见，公共教育注意引导而不是领导群众积极参与公共事务和协商，村居民的理性、文明等品质得到了良好发展，从而营造了社区互助氛围。截至 2021 年 6 月，宝山区在线公益置换物品已达 3 万余件。

第二，集体决策板块包括"居（村）务公开"和"议事厅"等。乡村治理的一个主要问题是参与社区活动的村民正在老化，"新面孔"越来越少，在政府联合开展的活动中村民的自主性越来越弱。"社区通"使公众参与从"少"到"多"、从"老"到"青"、从"不活跃"到"活跃"。大量年轻人参与乡村治理，60% 的 50 岁以下的人可以上网。为"点对点"

和"全方位"满足居民的需求，最大限度地利用讨论和协商机制，自 2021 年 6 月起，"社区通"新增了论坛和商务咨询的功能。为了发现问题、实施项目和签订合同，全区所有村庄都开展了公共事务特别是议事厅的协商，累计形成了 3.9 万余个主题与 780 个会议和服务项目。通过互助和爱的传递，乡村生活相关的各种潜在的社区资源重新被激活，如独立生活的老年人定期得到照顾。

第三，管理板块包括"人民信箱"、"物业之窗"、"社区服务"和"乡约宝山"等。由于信息不对称，以往群众的需求被忽略。借助"社区通"，宝山区全面收集、反映、处理群众需求，提供精准服务。运用大数据模型可以即时找到民众痛点、民生"堵点"，及时对社会舆情进行预警，并提出具体工作建议，从而进行有效处理。群众问题快速处理，构建自动收集、分级处理、全程录入、结果反馈的问题跟踪系统。截至 2021 年 6 月，已有效回应处理的群众问题 18 万余个，其中近 90% 被居村有效处理。① 上线"人民信箱"板块，将问题建议收集从社区内扩展到社区外。如淞发路淞良路西北角的路口，由于历史原因，设立了路灯、电线、红绿灯三个杆体，人行道口空间被压缩，轮椅或童车经过时，极易被逼至车行道。淞南一居民通过"人民信箱"反映了这一问题，居委会收到诉求后"一键派单"。罗泾镇建管中心接单后，先后对接区公安分局、国网上海电力、中国移动、电信、联通等单位，制订先上后下、先易后难、无缝衔接的施工方案，克服了作业场地狭小的困难，将红绿灯杆移到淞良路拐道，电线杆迁至对面路口，实现了还路于民。优质服务"一网通享"，让群众随时掌握社区民心项目、议事项目、政府实事项目的进度，一键查询家电维修、垃圾分类等各类生活便民信息。整合全区优质活动资源向居/村民开放，截至 2021 年 6 月，已开展亲子采摘等专项活动 82 场，178 万余人次参与阅读。整合推出"乡约宝山"板块，丰富"农家集市"内容，展示宝山区乡村优质旅游、农产资源，让市民入乡、农产进城，助推城乡协同

---

① 周渊：《64 万人刷的"社区通"，通往社区美好生活》，https://www.whb.cn/zhuzhan/cs/20190802/280854.html。

发展格局形成。

2. 治理成效

宝山"社区通"从 2017 年 2 月创建至 2020 年 6 月，在全区 567 个社区/村委全面开通，近 52 万户家庭、78 万余户居/村民实名参与，7.9 万余名党员在网上明身份、起角色、受监管，439 个社区民警、225 个家庭医生、180 个物业公司连接市互联网服务中心平台和市 110 接处警平台，相互沟通超 6 亿人次。其中，50 周岁以下人口上网占比 60%，处理了民众关心的各种问题 4.7 万多个；参加线上议事协商活动的家庭累计 26.6 万户，形成公开话题 3 万多个，建立社会公约和建设项目 6000 多个。

访谈中，聚源桥村村支书对于宝山"社区通"平台的作用也发表了自己的见解。

"社区通"平台的主要作用是构建 24 小时联动机制或联系门户。现在乡村治理和居民区的情况很像，我们村委会在上班的时候，村民也在上班，村委会下班的时候，村民也才回来，"社区通"搭建了一架沟通的桥梁。"社区通"最关键的一个板块其实是我们的"社区公告"，我们把我们的工作情况和村庄规划的内容放到"社区通"平台，村民（包括新村民）可以提出他们的想法。还有一个重要的特点是一些紧急事务的处理，这个其实对于外来新村民的影响更大，大多数本地村民和村委会有直接的联系方式，他们不需要通过"社区通"来表达自己的意见和看法。刚刚提到在治理过程中没有给他们足够的权益，却要求他们履行相应的义务，就我们村而言，我可以从两个方面去考虑这个问题。在乡村治理方面，包括人居环境、社会治理、"四好"公务等，都是给居住在村里的所有村民福利和权益的，包括在"社区通"上发声，都是为他们提供了一个意见发布的渠道。在义务方面，无论是新村民还是本地村民，义务都是一致的。这些义务是作为一个公民应该遵守的，而没有向他们提出更高的要求，包括刚刚提到的卫生费用的收取，我们村收取这项费用已经有四年了，我们当时也是通过了民政和四大所的审核要求的，我们向房东（村民）收取卫

生费用，是因为村民出租房屋获利给集体增加了垃圾清理的负担。（M-DZ-1-0604）

由此可见，宝山"社区通"是社情民意的显示器、社会问题处理的推进器和基层组织力量的放大器。在"互联网+"时代，宝山"社区通"是新时代基层社会治理的新探索，是一次充满智慧的成功探索，值得深入研究。

三 数字乡村治理的集体行动逻辑：一个网络分析

"互联网+"乡村治理模式的基本逻辑可归纳为从人类行动者与非人类行动者之间的网络组织开始，通过问题呈现、利益赋予、征召、动员以及异议五个环节，达到管理有效的过程（Latour，2005）。这五个环节环环相扣、密不可分而又层次递进，体现了多元行动者间相互转译的复杂过程，也就是我们所说的"黑箱"过程。接下来，我们将结合这一转译过程，以宝山"社区通"平台为例，展现治理过程如何通过"黑箱"输出治理效果，又是如何把结果作为系统的输出再次检验"互联网+"乡村治理的效果，形成反馈回路。"互联网+"乡村治理模式的分析框架如图1所示。

（一）网络建构：人类行动者与非人类行动者的结合

政策网络系统主要是由所有和政府活动有关的社会主体组成的，包含非人类社会行为者和人类社会行为者，因此这个网络系统也是一个动态的、不断变化的及复杂的机构体（刘珩，2021）。不同的行动者有不同的目标定位和作用，要想组建一个利益联盟，需要深入了解不同的行动者，明确其目标定位。明确其目标定位首先需要对他们的类型进行细分，这里我们按照主体是否具有生命体征划分为人类行动者和非人类行动者，再按照不同的属性划分，如是器物还是意识，是个体还是群体，是政府组织还是非政府组织等。接下来，我们分析的"互联网+"乡村治理模式与管理模式的行动也按照类似标准划分（见表1）。

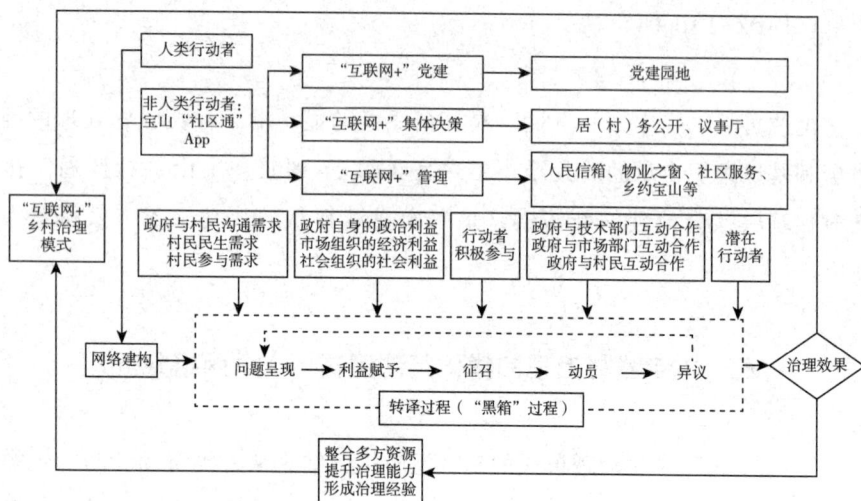

图 1 "互联网+"乡村治理模式的分析框架

表 1 "互联网+"乡村治理模式与管理模式的行动者

类别	参与者	划分	组成人员	目标定位
非人类 行动者	技术	器物范畴	计算机设备、移动互联网、"社区 通"APP、数据库等	技术保障
		意识范畴	知识、培训、学习能力等	智力支持
人类 行动者	党政部门	党组织	村党支部	引领方向
		政府组织	基层乡镇/街道办	协调整合
	市场与社会	市场	商业公司、互联网公司	竞争发展
		社会组织	志愿者、非政府组织等	合作协同
	个人	个人	村民、设计研发运营人员、信息 管理人员、村干部	参与执行

从表 1 中可以看出，非人类行动者主要是指现代化的信息技术，进一步划分主要包括计算机设备、移动互联网、"社区通" App、数据库等器物范畴以及知识、培训、学习能力等意识范畴。这里的核心行动者是"社区通" App 及其背后的技术与信息管理系统。人类行动者包括党政部门、市场与社会及个人，其中核心行动者是党政部门。党政部门在这一模式中主

要起引领和协调整合作用，市场与社会组织主要起合作协同作用，个人则是具体事项的执行者，包括政策的作用或服务对象。

(二)"互联网+"乡村治理模式的转译过程

1. 问题呈现："互联网+"乡村治理的必要性与突破点

(1) 乡村人口流失、空心化严重，村民、村干部文化素质不高

随着社会经济的不断发展，宝山区民众的生活水平得到提高，村民的社会需求和生活方式发生了明显改变，但是村民的文化水平未得到显著提高。据不完全统计，从事乡村治理的大学生占比不到10%，大部分是高中及以下学历，这与城市的大学生比例有较大差距。文化素质不高也是阻碍村民参与乡村治理的一大难题，使村民在争取利益时处于弱势地位。与此同时，村干部的素质也至关重要，访谈中 LJ 镇乡村振兴办代表表达了自己的担忧。

> 关于大学生返乡问题，我们 LJ 镇有返乡大学生招聘，我们提出了四个要求：本分、本科、本地、本领。我们村里面现在的岗位是商定的，镇里面统一招聘以后再放到村里面，全部要通过组织科的笔试、面试，而不是村里面随随便便找一个就能上岗。但是这样做也有一个问题，刚才你说崇明的村支书一年的工资是12万元，条线一般还要打个七折，（折算）下来就是六七万元，你说一个大学生怎么可能到一个偏远的村里面来靠情怀做事？乡村治理的工作很累，他们毕业后如果在公司上班一年赚一二十万元还是有的，在家乡上班七八万元顶多了。我们碰到一个问题就是上级招聘，招人招不到！没人就会造成青黄不接，我们这一届换届就遇到了这个问题，国家要求我们班子里要有35岁以下大专学历的人，我们就招不到。人的问题也是困扰我们的一个难题，因为事在人为，根子上的问题（解决不了）后面就是空谈了，村干部的素质其实就决定了村庄的管理水平。（L-ZX-1-0611）

（2）政府提供的服务与村民的需求不匹配

显然，村民与政府沟通的需求逐渐增加。随着互联网特别是自媒体的迅猛发展，人们了解世界和获得信息的途径不断拓展，沟通和表达的需求也在不断增长。自媒体的发展对传统的媒体和舆论产生了影响，甚至人们对过去的绝对话语权提出了挑战。

同时，村民的需求发生了变化。相较于过去，村民比较关注和希望政府破解的难题大多集中在教育、就医、养老和食品安全四大领域，民生的区域分配比较均匀（周颖等，2021）。这对政府提供的民生服务多样性及其质量的要求更高了。除此之外，村民的个性化需求也越来越丰富，善治的核心在于实现公共利益的最大化，满足人民日益增长的个性化需求，而目前大部分乡村提供的服务无法满足村民的个性化需求。

此外，村民的参与意识得到了提升。通过互联网的影响，村民的公民意识和主人翁意识明显增强。同样，村民渐渐也意识到发表自己看法和享受权利的途径与方式，在互联网上村民可以相对平等地进行对话和交流，这也使村民更加注重维护自己的权利，敢于发表自己的见解和看法。

（3）集体决策机制有待完善

乡村治理的重担最终还是落在基层自治组织的肩上，而有些村干部文化素质不高，对上级部门下达的任务理解得不准确，不能深刻理解"善治""服务型政府"等概念的含义和背后的深意。

第一，工作方法上沿袭陈旧的"管理型政府"的套路，遇到和处理实际问题时无法灵活地运用新的思想和模式，而是习惯于简单化、一刀切地进行教条主义操作。看问题也很难看到问题的本质，如果看到问题的表象就妄下结论，那么很多时候容易酿成更大的问题和错误。

第二，对上级有所保留，在对上级的任务无法理解却亟须处理的时候，一些村干部缺乏创新精神和不断变革的治理手段，存在虚假上报的现象和消极应付的形式主义不作为情况（贵州省纪委省监委，2018）。

> 上头热，中间凉，下头冷。上面叫实施方案，区里叫实施意见，到镇是实施细则，我们感觉就是在不停地应付。我们村里面最大一套

班子是 7 个人，没想清楚就去做。文山会海对我们来说是一个痛点，汇报总结对村支书来说很难，让村支书干一件事情，他可以干得很好，但是让他汇报总结还是很困难的，他也不善于总结提炼。最好是上层想好，到我们只要实施就好，至于总结提炼还是要交给机构、区级。现在上层对我们总结材料的要求也越来越高了，就很头痛，也是被逼出来的。（G-CS-1-0623）

第三，缺乏风险防范意识。一些基层部门缺乏应对突发状况的意识，忽略了预警预报系统的建设。缺乏风险防范意识，往往是等问题发生再想应对的办法，而不是在萌芽期就提前做好预警，这也增加了基层部门的工作量，降低了工作效率，同时也使村民对基层部门产生不信任的情绪，致使工作开展困难。

（4）新的乡村治理协作机制尚未形成

马克思主义关于事物永恒发展的观念告诉我们，新事物是必然产生的，旧事物是必然消亡的，新事物必然取代旧事物。在旧的协作机制失效的时候，新的协作机制尚未形成或者说尚未形成体系，无法全面地应对实际过程中遇到的各种问题。新的协作机制尚未形成的主要表现是村民与基层管理部门之间缺乏有效的信息共享机制。很多时候村民和基层管理部门在信息不对称的情况下进行对话，这不仅使村民无法有效地表达诉求，而且使基层管理部门不知道村民的需求痛点，久而久之村民表达和主动参与的意愿逐渐减弱，基层管理部门的工作开展困难。

2. 利益赋予：构建行动者之间的利益关联

宝山区"社区通"App 是基于互联网、云计算、大数据技术的一站式乡村治理云平台，其作为媒介搭建了联结各行动者的桥梁。"社区通"平台实际上起到了类似于布迪厄的"场景"以及社会资本的作用，即为各类行动者建构一种相互之间赋能或获益的利益关联和强化机制（布迪厄，1986）。政府通过公共沟通打通公共服务与乡村治理联结的"最后一公里"，从而整合乡村治理的各方主体。同时，采取有针对性的措施以巩固乡村治理的基础，如就村庄层面而言，村组织需要最大限度地挖掘乡村治理政策的目标意图，促进乡村治理形式的微改良与创新，既要打通乡村治理的"最后一公里"，也要促进村民的参与和消解对外来人口的排斥。当然，对于市场而言，关键是各类市场主体如何提供更加便捷的渠道触达自己的服务对象。比如，互联网公司通过提供技术和信息服务，获得了大量的数据信息和广告变现的方式、可观的收入，以及稳定的客户资源；而物流公司通过"社区通"搭建了村民与自己的沟通桥梁；其他商业公司通过"社区通"畅通了自己的卖货交易途径，使自己的服务或者产品直面客户，提升了营业额。类似地，社会组织和志愿者通过"社区通"能够快速地对接弱势群体，洞察服务对象的需求并制订相应的服务方案，为村民提供有力的支持。此外，对个人而言，"社区通"一方面可以提供参与乡村治理的渠道，提升个人的参与意识和积极性；另一方面也可以提供监督乡村集体经济组织与村委会的渠道和机会，可以在"社区通"上看到村务支出明细、村级事务公示栏等，有利于促进村民参与监督。

3. 征召和动员：行动者积极参与利益共同体的策略形式

鼓励行动者积极参与行动网络离不开利益共同体的构建，网络的形成必然需要网络中的行动者之间的互动，也离不开多元主体之间的互动合作。多元主体互动的过程中有政府与技术部门的互动合作，也有政府与市场部门的互动合作，还有政府与村民的互动合作。

第一，政府与技术部门的互动合作。2017年2月，"社区通"由上海鲸邻信息科技有限公司研发，这是基于互联网、大数据技术的党建引领一站式乡村治理云平台，已在北京、上海、山东的基层乡村治理中得到应用（李泓冰、励漪，2019）。"社区通"平台主要通过外包的方式与科技公司签订合同，由科技公司提供技术和信息服务的支持，这种方式有利于保证科技公司的灵活性。

第二，政府与市场部门的互动合作。为了实现资源利用的最大化，政府在"社区通"平台设置了农家集市板块，把宝山区的优质农产品放到平台上售卖，如罗泾花红村的优质大米、海星村的大闸蟹、聚源桥村的果园等，这激励每个村都努力打造自己的特色产品，是正向的双赢互动。

　　我们对我们 5 个村的产业提出了一个主题。塘湾我们叫"乡遇文化"，海星取得一个谐音叫"蟹逅海星"，花红因为是专门做米制品种水稻，所以我们叫"寻米花红"。然后"蔬香新陆"是因为新陆是有蔬菜的，还有一个研学基地，所以我们取了书香门第的"书香"的谐音。洋桥有芋艿，所以我们叫"芋见洋桥"。我们塘湾就是做"一朵花"。一朵花其实有两层意思：第一个就是亲子康养是祖国的花朵，小朋友就是一朵花；第二个是做了一个宣传，就是宣传我们中国的情况，我们也是把它做成了一个亮点，因为塘湾原来是一个废弃的城市，但是我们也是打造以后把它做成了一个网红（城市）。海星呢，我们是做"一对蟹"，我们做渔事的体验。花红我们是做"一袋米"，我们做农耕的体验。新陆做什么？做"一篮菜"，就是研学的拓展，洋桥就是做"一蒸糕"。（T-DZ-1-0623）

　　第三，政府与村民的互动合作。村民通过"社区通"表达自己的诉求，政府在上面回应村民的诉求，实现快速的互动。这种互动不受地域和时间的限制，具有更大的灵活性。总之，作为核心行动者的政府与多元主体的互动合作，促进了各方的互动和利益往来，结成了一个利益共同体。

　　4. 异议：潜在行动者

　　产生异议的往往是潜在行动者，但异议也是行动者网络产生变异或演化的重要力量。一旦出现了对转译过程产生异议的人，其很有可能将会催生行动者新的网络引导的下一次转译过程。在"互联网+"乡村治理模式中，潜在行动者是对目前的网络结构不满甚至会产生影响的群体，既有在现行行动者网络中获益不均或不充分的本村村民，如违章拆除和出租屋整治等所影响的村民，也有外来人口、外出务工人员或者其他社会组织等与既有网络关联性不是很强的主体，不过这类主体不是本文关注的重点，故本文不在异议环节做过多阐述。在一个治理优良的村庄里，异议者主要是一些影响较小的潜在行动者，以至于这些存在的异议冲突不是很明显，还未呈现可以开启新的转译过程的迹象。当然，宝山"社区通"的探索尚处于初期阶段，目前还处在联结多方利益群体和组建网络的阶段，其处理异议的功能本身就包含在"社区通"这样的系统之中，只是需要更加完善和改进诸如线上议事厅的功能机制。显然，只有现行的行动者网络便捷有效地回应异议者的利益诉求，诸如"社区通"这样的"互联网+"乡村治理模式才能良性持久地存续和发展。否则，一旦现行网络模式不能满足异议者的诉求，那么这些潜在的异议者就有可能被迫以各种集体行动乃至对抗的形式触发某种新的行动者网络治理模式的诞生。

四 数字乡村治理模式下行动者网络的必经之点

根据行动者网络理论，核心行动者是构建网络的最主要的人，而核心行动者所要解决的核心问题也是其他行动者要实现其目标的必经之点。在这里我们需要解释一下何谓必经之点。从概念的角度而言，在逻辑链条中，该变量处于逻辑链条中上一级和下一级变量之间的一个关键位置，如果这个关键点的问题不能解决或者变量的实现条件不能满足，该逻辑点对之前和之后的这些变量与因素就无法产生影响，那么在这个意义上称之为"必经之点"；从目标实现的角度而言，要实现行动者网络的目标，必须经过这个逻辑点。因为每个行动者都有自己的利益和视角，他们有自己想要达成的目标，但是达成这个目标实现自己的利益需要通过这个必经之点，那核心行动者想把其他行动者联合起来或把网络构建起来，其需要解决的就是这个必经之点的问题，这样才能完成转译的过程。总而言之，必经之点对转译过程的完成具有决定性作用。宝山"社区通"乡村治理行动者通过网络创建的行动主体和必经之点如图2所示。

在"互联网+"乡村治理模式中，我们以宝山"社区通"为核心行动者和媒介搭建一个网络，宝山"社区通"作为"互联网+"时代背景下基层社会治理的产物，其解决的核心问题是什么？要弄明白在行动者网络结构中，宝山"社区通"的必经之点，我们首先需要弄清楚宝山"社区通"重点关注的问题是什么。

行动者网络理论认为，网络构建的过程最终还是各个行动者之间利益的博弈过程，那么宝山"社区通"从根本上要解决的问题还是各个行动者

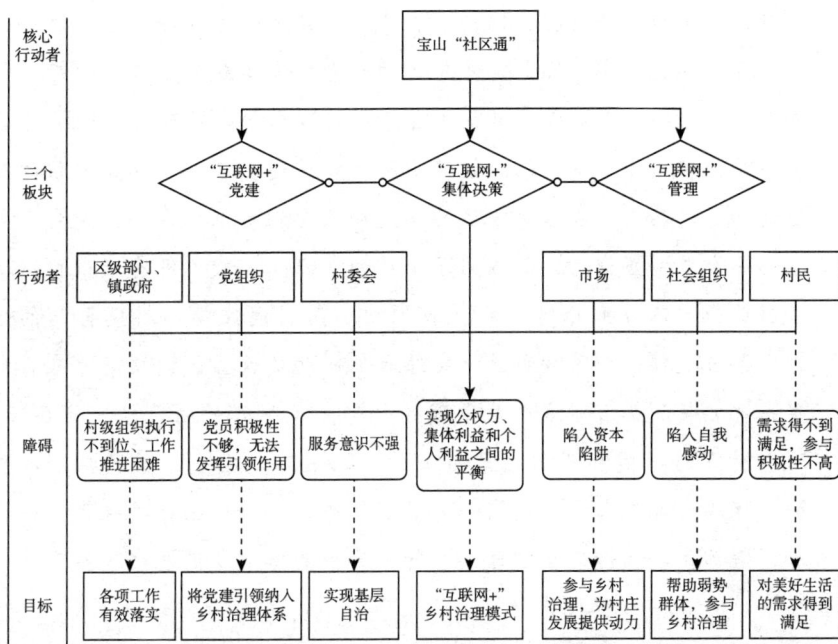

图2 宝山"社区通"乡村治理行动者通过网络创建的行动主体和必经之点

之间的利益平衡问题。在"互联网+"乡村治理网络中的各个行动者之间的利益我们可以大致分为"公"、"共"和"私"。第一，"公"指的是上级党委、政府，包括镇级与区级党委和政府，它们关注更多的是政策目标是否能实现，部署的任务是否能够在基层得以落实、各项工作是否有效落地；第二，"共"指的是乡村的集体利益，关注的是社区公共利益的实现，比如乡村的基础设施建设、乡村环境治理和社区文化建设等；第三，"私"指的是个人的利益，村民对美好生活的需求和随着物质需求不断增长对多元文化需求的满足。访谈中这种利益的博弈也展现在治理的过程中，Q村村支书重点举了停车场改造后收费的案例。

> 我们村比较靠近镇区，大部分已经动迁了，剩下两个村民自建小区。我们基本是采取社区化的管理方式，逐步从一个村落向一个社区

慢慢转变。我们可能在某些方面和居民区有些类似。我们在管理方面和社区化管理还是有些区别的，这几年也是往这方面靠，这个过程中肯定会有利益冲突。比如说停车费的问题，汽车越来越普及以后我们停车的压力也越来越大，我们小区原有的停车位是不够的，2018 年我们在美丽乡村振兴建设的时候就利用"社区通"发布了相关车位的改造通知，包括改造以后对车位的规定和收费的标准，这个就是村民自治的一个典型案例。我们不同于小区的一点是，我们没有产权证，所以有些业务不能和小区一样，我们就利用村规民约和村民自治的方式。通过这样的一种方式，村民给我们一些建议，我们收集上来再制定一些相关的标准。这也是管理的一部分，刚开始的时候有点困难，这和村民的习惯和意识也是有关的。他们难以接受，原本都不收费的，这块土地本来就是我们长久居住的地方，为什么还要收费？我们加以解释，包括后来在平台上进行疏导和宣传，我们也把这件事做好了。（Q-NW-1-0416）

所以，"社区通"的目的就显而易见了，它需要平衡"公"、"共"和"私"的利益，取得让各方满意的结果。当然，在不同的场景中，各个行动者之间的利益博弈过程具有差异性，但是从其汇集点或行动者网络必经点"村委会"或村级组织来看又具有相似性或相通性。这也可以看出，村级组织在乡村治理网络中所发挥的垂直维度的上传下达和水平层面沟通协调的作用是至关重要的。可以说，乡村治理各类场域的问题从行动者网络视角分析，其重点从问题出现到经过必经之点、利益赋予、征兆识别以及具体措施的采纳和执行，最后都会汇集到乡村集体组织的层面进行沟通、协商乃至动员，即完成转译的过程，这就需要对最为关键的行动者——村级组织，包括村支书和乡村能人给予特别的关注和理解。

五 结论与理论启示

了解事物是必要前提，我们需要对"互联网+"乡村治理模式的行动者网络进行理论性的探讨，了解其拥有的资源、适用性和功能，这样才能使用行动者网络的架构去分析和实践。网络资源是衡量这个网络的价值、稳定性以及向外拓展能力的重要指标，网络资源是由网络中不同行动者的资源共同组成的，而不同行动者因自身的社会地位、学历背景、职业、家庭等不同所拥有的资源也有所不同，往往拥有资源的多少决定了该行动者的话语权和在网络中作用的大小，因此梳理不同行动者手里的资源是必要的。我们接下来从基层政府、市场、社会组织几个方面来剖析每个行动者所拥有的资源。

基层政府的资源包括：首先是自然资源，如土地、森林、山脉、草原、海滩、水域等；其次是非资源相关资产，如流动资产、长期投资、固定资产、无形资产和其他一般持有的资产；最后，作为伙伴组织，拥有权力。市场的资源包括各种优惠贸易许可证、现有品牌、现有分销渠道、现有顾客以及对企业商品及服务的满意度。此外，还有能够为企业提供竞争优势的其他合作关系。社会组织的资源包括：第一，大量的合作伙伴，如公司、政府、学校和医院；第二，足够的组织资源和许多补贴团体；第三，形象资源，社会组织具有社会认同。网络如何调动这些资源？又需要通过资源的调动达到什么样的效果？这是本文接下来要讨论的重点。

行动者网络理论与我们分析"互联网+"乡村治理模式的路径和方式有很多契合的地方，主要体现在以下三个方面。

第一，行动者网络理论适合分析包含多个子系统的动态结构之间的复杂关系。本文所探索的"互联网+"乡村治理模式就属于典型的包含多个子系统的结构，每个子系统都有自己错综复杂的内部结构，同时子系统之间又有关系，从而构成了一个完整的动态系统。动态系统一方面会随着子系统的变化而变化，另一方面也会随着时间、空间以及其他外部影响因素的变化作出调整。

第二，行动者网络理论适合处理时滞问题。何谓时滞问题？时滞也是时光停滞的缩写，是指某一动态从开始到最后发生或结束的这段时间，一般用"某个瞬时"或"某个动态时期"来表达（姜春，2008）。随时滞问题而来的是时滞效应，一个系统的历史因素影响与当时条件影响之间就叫时滞效应。简言之，乡村治理模式的探索不仅要放在当前的互联网背景下看，还需要看历史上有哪些乡村治理模式，这与本文的思路不谋而合，我们也在不断回顾过往的乡村治理模式是如何一步一步演变成当下的"互联网+"乡村治理模式的。从房屋租赁平台的案例，到直播电商的加入，无一例外地考虑了历史因素和当下条件的影响，这样才能更加全面地帮助我们理解。

第三，行动者网络理论适合分析因果循环及其反馈的相互作用。自变量的变化会影响因变量的变化，同时众多变量构成的系统又会反过来发生作用，从而形成一个相互影响的因果反馈系统。行动者网络理论很适合分析这类系统之间的因果反馈系统，进而探讨自变量与因变量间的相互关联。

综合上述三个适用性分析可以发现，运用行动者网络理论的方法和模型探究"互联网+"乡村治理模式是科学合理的。如何认识网络的功能可与如何理解这个网络的合约属性结合起来，将基层的类科层组织打开，将所有的行动者扁平化地看作要素合约对市场合约的一种替代（赵德余，2025）。总之，行动者网络理论中的建构路径契合了"互联网+"乡村治理的实际情况。行动者网络的核心是在一个社会系统或网络中，人类行动者和非人类行动者是同等重要的。行动者在传统社会网络中联结市场、农民、政府，其自身资本和所掌握的信息对乡村治理基础产生的影响也是不可忽略的。行动者自身的社会资本和信息资源成为联结村民与其他组织的桥梁，同时作为乡村治理行动者网络的关键节点，"转译"为各行动者提供了可以接受和实现各自目标的途径。

参考文献

布迪厄，皮埃尔，1986，《资本的形式》，载 John G. Richarson 编《教育社会学研究与理论手册》，纽约：格林伍德出版社。

陈东辉，2022，《乡村治理面临的现实问题及破解对策》，《农民日报》1 月 22 日，第 5 版。

贵州省纪委省监察委，2018，《从典型案例看群众身边的形式主义官僚主义表现形式》，《中国纪检监察杂志》第 20 期。

郭剑烽，2021，《宝山区："社区通"上刷一刷，社区问题都解决》，《新民晚报》7月6日。

贺雪峰，2020，《村级治理的变迁、困境与出路》，《思想战线》第4期。

姜春，2008，《时滞、回归及预调：区域金融发展与经济增长的实证研究》，《金融研究》第2期。

李泓冰、励漪，2019，《上海宝山区用好一站式掌上云平台——"社区通"助力基层治理》，《人民日报》7月28日，第1版。

刘珩，2021，《转译地带：〈汉民族史记〉的行动者网络的意义》，《外国文学》第6期，第64~66页。

聂苗，2018，《"社区通"的实践探索》，《党政论坛》第10期，第45~49页。

彭涛、牟苑双，2023，《乡村振兴背景下政府治理农村集体经济的现实困境与路径突破》，《西北农林科技大学学报》（社会科学版）第4期，第78~86页。

王振，2018，《论"以人民为中心"思想下的城市治理——以上海为例》，《城市学刊》第5期，第88~93页。

谢元、张鸿雁，2018，《行动者网络理论视角下的乡村治理困境与路径研究——转译与公共性的生成》，《南京社会科学》第3期。

俞祖成，2024，《基于数字技术的全过程人民民主基层实践——以上海市宝山区"社区通"为例》，《中央社会主义学院学报》第6期。

赵德余，2023，《发展型乡村治理模式：基于要素-资产转换的再解读》，《贵州大学学报》（社会科学版）第5期。

赵德余，2025，《政策网络分析十讲》，上海：格致出版社、上海人民出版社。

中共上海市宝山区委组织部，2020，《宝山"社区通"构建互联网时代　党建引领基层社会治理新模式》，《上海党史与党建》第3期。

周颖、帅才、刘良恒、刘懿德，2021，《代表委员热议民生热点》，《半月谈》第4期。

Latour，B. 2005. *Reassembling the Social*. New York：Oxford University Press.

智慧养老研究的热点问题与总体趋势分析[*]

王　晶　刘　正^{**}

摘　要：本文运用 CiteSpace 软件动态分析了智慧养老领域研究现状、研究热点及研究趋势的变化。从纵向视角看，智慧养老发展经历了三个时期，分别为概念启蒙期、模式探索期和数字化适应期。2019年以后学术研究开始转向数字鸿沟及其与传统分层体制之间的关联。从横向视角看，现有文献就智慧养老形成了五大研究板块，分别为公共系统、社会系统、家庭系统、智能养老技术及老年主体。五个板块之间具有系统性的关联。老年主体处于智慧养老服务供给系统的核心。与传统养老服务体系不同，智能养老技术作为传播媒介和技术工具，既可以赋能于老年人，提高老年人的自主选择能力，又可能产生反向"控制"，抑制老年人的自主性，降低老年人的效能感，这取决于整个社会养老服务制度建构的价值观念。从治理结构看，公共系统起着核心的价值导向和规制作用，可以引导社会系统、家庭系统与智能养老技术深度融合，以老年人的自主性和需求为核心，提高养老服务系统整体的服务能力。

关键词：智慧养老；信息技术；社会系统；老年主体性

一　引言

"截至 2022 年末，全国 60 周岁及以上老年人口 28004 万人，占总人口

　＊　基金项目：该文系 2024 年度中国社会科学院与澳大利亚社会科学院合作研究项目"中澳老年移民的社会服务与社区融合研究"的阶段性成果。

＊＊　作者简介：王晶，中国社会科学院大学社会与民族学院副教授、中国社会科学院社会政策研究中心副主任、中国社会科学院社会学研究所副研究员，研究方向为社会政策理论、养老服务筹资、养老服务供给等；刘正，奥克兰大学社会工作专业博士研究生，研究方向为社会政策理论、健康社会工作。

的 19.8%；全国 65 周岁及以上老年人口 20978 万人，占总人口的
14.9%。"① 中国人口老龄化趋势呈现老年人口规模庞大、老龄化速度快、
老年人口抚养比上升、养老负担加重及"未富先老"五大特点。在今后很
长一段时间内，老年人口快速增长的精神物质需求与相对不足的养老服务
资源和供给之间的矛盾将是中国老龄事业和产业发展的主要矛盾，因此创
新养老模式是解决人口老龄化难题的必然要求（朱勇，2014）。中国在进
入老龄化社会的同时也进入智能化社会，运用智能科技满足日益增长的社
会养老服务需求，是中国养老方式改革创新的必然选择（朱海龙，2020）。

2007 年以来，中国相继提出数字化养老、信息化养老、科技养老等概
念。经过 10 多年的发展，智慧养老已经成为热点议题。2017 年，工信部、
民政部和国家卫生计生委联合发布《智慧健康养老产业发展行动计划
（2017—2020 年）》；2021 年，工信部、民政部、国家卫生健康委三部门共
同印发《智慧健康养老产业发展行动计划（2021—2025 年）》，提出"打
造智慧健康养老新产品、新业态、新模式，为满足人民群众日益增长的健
康及养老需求提供有力支撑"。当前，我国的智慧养老在技术创新、应用
范围和服务理念上取得了显著进展，近几年学术界有关智慧养老的研究成
果也逐渐增多。有鉴于此，本文运用 CiteSpace 文献可视化软件及其产生的
知识图谱，全面梳理总结国内智慧养老主题研究的热点问题与总体趋势。

二　研究设计

（一）数据来源与检索策略

本文以中文权威检索平台中国知网（CNKI）为数据来源，检索时间为
2013 年 1 月至 2023 年 12 月 23 日，通过不断迭代更新关键词和检索式，确
定最终的具体检索策略：（主题＝智慧养老）OR（主题＝智能养老）OR
（主题＝数字化养老）OR（主题＝养老服务平台），检索范围确定为学术期

---

① 《2022 年度国家老龄事业发展公报》，https：//www.mca.gov.cn/n152/n165/c166200499
9979996614/attr/315138.pdf。

刊，并将来源范围划定为北大核心期刊和 CSSCI 期刊。经过逐一筛选，剔除无关或重复的期刊文章，得到有效中文文献 463 篇，以 Refworks 格式保存并将其导入 CiteSpace 软件。

（二）分析工具与研究步骤

CiteSpace 主要基于共引（Co-citation）分析理论和寻径（Pathfinder）网络算法绘制知识图谱，图谱具备知识多元、分时、动态等优点，具体包括合作图谱、共线图谱、共引图谱、突现词探测等（陈悦等，2015）。本研究基于 CiteSpace 6.2.R6 版本可视化软件，通过高频关键词共现、时间线图谱、关键词聚类等方法对国内有关智慧养老服务的文献进行计量和可视化分析。CiteSpace 软件要求根据不同平台检索到的文献首次发文时间设置时间跨度，由此将时间跨度设置为 2013 年 1 月至 2023 年 12 月，时间切片为 1 年。将所有平台的分析阈值均设为 Top 50，最终纳入研究的有效文献数量为 463 篇。

在得到不同的可视化图谱后，我们对各图谱中的节点（Nodes）、连线（Links）、中介中心性（Betweenness Centrality）、网络密度（Destiny）、聚类模块值 Q（Modularity Q）、平均轮廓值 S（Weighted Mean Silhouette）等进行分析。评判知识图谱的效果有两个指标：一个是聚类模块值 Q，另一个是平均轮廓值 S。Q 值的取值区间为 [0，1]，当 Q 值大于 0.3 时就认为得到的网络模块结构是显著的；S 值是评价网络同质性的指标，S 值接近 1 时，说明网络的同质性较高，当 S 值大于 0.5 时就认为聚类结果是合理的（刘凯等，2016）。节点大小与关键词出现的频率成正比，节点间连线数量及粗细反映密切程度；关键节点的中介中心性通常需超过 0.1。

（三）研究计划

本文旨在系统整理近十年与智慧养老研究相关的学术文献，采用机器分析和人工阅读相结合的方法，运用 CiteSpace 软件对文献的关键词等信息进行分析，并通过深入阅读文献内容，展示近十年智慧养老研究的全貌和具体内容，以便直观地了解智慧养老领域的重点研究和发展趋势，主要包括三部分，具体情况如图 1 所示。

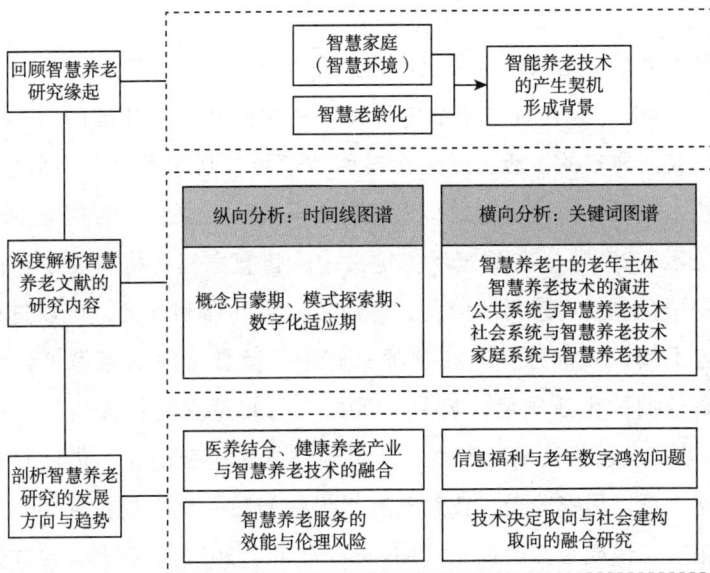

图 1　智慧养老研究情况梳理

第一，回顾智慧养老研究缘起。从智慧家庭（智慧环境）、智慧老龄化两个视角分析智能养老技术的产生契机与形成背景，并对智慧养老服务的目标、定位、可及性需求作出解释，为智慧养老领域的进一步发展提供指导和方向。

第二，深度解析智慧养老文献的研究内容。一方面，按照纵向时间维度，运用时间线图谱方法将智慧养老研究划分为几个关键阶段，呈现智慧养老研究的整体变迁历程；另一方面，按照横向内容维度对关键词进行聚类，具体分析智慧养老的关键议题，并梳理各个议题之间的联系，这有助于研究者更好地把握智慧养老领域的整体框架。

第三，剖析智慧养老研究的发展方向与趋势。利用关键词图谱以及研究机构与作者共现情况分析，并深入文献内部，展现智慧养老的研究动态和前沿领域，预测未来智慧养老领域的发展趋势，呈现潜在热点，有助于后续研究者快速把握方向，避免重复研究。

三　智慧养老研究缘起

智慧养老最早由英国生命信托基金会提出，当时被称为"全智能化老年系统"，即老年人在日常生活中可以不受时间和地理环境的限制，在自己家中享受高质量的生活，因此又被称为"智能居家养老"，即利用先进的信息技术手段，面向居家老年人开展物联化、互联化、智能化的养老服务（左美云，2014）。在最宽泛的定义中，智慧家庭是指安装了智能科技产品的房子，包括一系列的设备、感应器、触动器和开关，可以进行自动通信或者由用户发起通信。在这种家庭中，设备之间的通信可以赋能于人，提高他们的生活质量（Fisk，2001）。与智慧家庭相关的是"智慧环境"，随着信息通信技术的发展，环境变得越来越智能化。借助科技的力量，老年人可以居家养老，智慧家庭将为他们独立生活提供保障，避免摔倒、紧张、恐惧或者社会孤立（Kissoum et al.，2014）。智慧环境在这里不仅包括物理设施，还包括一些社交媒介，帮助老年人缓解心理上的问题，满足他们社会参与的需求。从技术维度而言，这种智能化的家庭环境具有"交互型"和"连结型"特征，交互型智能家居能够与用户进行声、光、位、影等多种形式的互动，自主响应用户需求（Junestrand & Tollmar，1999）。

除了智慧家庭（智慧环境），与智慧养老相关的还包括智能老龄化技术（张泉、李辉，2019），它一般指利用生物医学、互联网技术来应对各种隐性医疗风险，促进和延续老年人积极主动与独立自主的生活方式（Evchina & Martinez Lastra，2016）。针对老年人的特殊需求，智慧老龄化主要体现在两个方面：一是借助远程医疗、大数据等新兴技术，为老年人提供低成本的医疗服务；二是借助各种可穿戴设备，为老年人提供行为、认知、突发事件的预警，降低老年人独居风险。英国利物浦于 2002 年着手进行远程护理试验研究，为 21 名老年人安装远程护理设备，利用远程环境感应器监控使用者正常行为，同时实时识别偏差行为。这一系统不需要用户使用任何可穿戴设备，自动对使用者在家中的移动进行监控，因此监控以一种"非侵犯性"（non-invasively）的方式进行。报警系统采用分级形式，首先会对用户进行语音电话提醒，在事态升级的情况下则会要求用户中心的社会工作者进行介入处理（Reeves et al., 2007）。

综上所述，智慧养老实际上早已有之，且随着技术的发展，智慧家庭、智慧环境、智能老龄化技术逐步成熟。西方国家较早引入了智慧养老服务，满足了老年人独立、健康、安全等养老的需求，实现了健康老龄化的目标。我国作为互联网技术迅猛发展的大国，将智能技术融入养老服务后，智慧养老领域经历了怎样的发展历程？具体包含哪些内容？展现出何种发展趋势？这是本研究希望讨论的问题。

四 国内智慧养老研究内容分析

（一）阶段划分：时间线图谱分析

时间线图谱可以呈现研究主题的动态变化情况，让读者了解不同时间段的关键词信息。节点越大说明关键词影响力越大，节点密度越高说明在该时间段内研究成果越多。本文依据发文量及时间线图谱（见图2），将国内智慧养老研究发展历程分为概念启蒙期、模式探索期、数字化适应期三个阶段。

1. 概念启蒙期（2004~2013年）

这一阶段属于物联网、大数据等新一代信息技术融入养老服务业的布局阶段，"智慧养老"理念开始传入中国，但还未引起学术界的关注，所以每年的发文量较少，基本在5篇左右。胡黎明、王东伟（2017）提出"数字化养老"，马凤领、李明杰（2011）提出"科技养老"，史云桐（2012）提出"网络养老"，各种类似提法不断出现，研究者因关注点或学术背景的不同而各有侧重。相对来说，"智能养老""科技养老"更倾向于科技层面；"数字化养老""互联网+""物联网+"更倾向于网络层面（董红亚，2019）。吴玉霞、沃宁璐（2016）认为，尽管"智慧养老"和"智能养老"只有一字之差，但"智能养老"是基于物联网技术的养老方式的

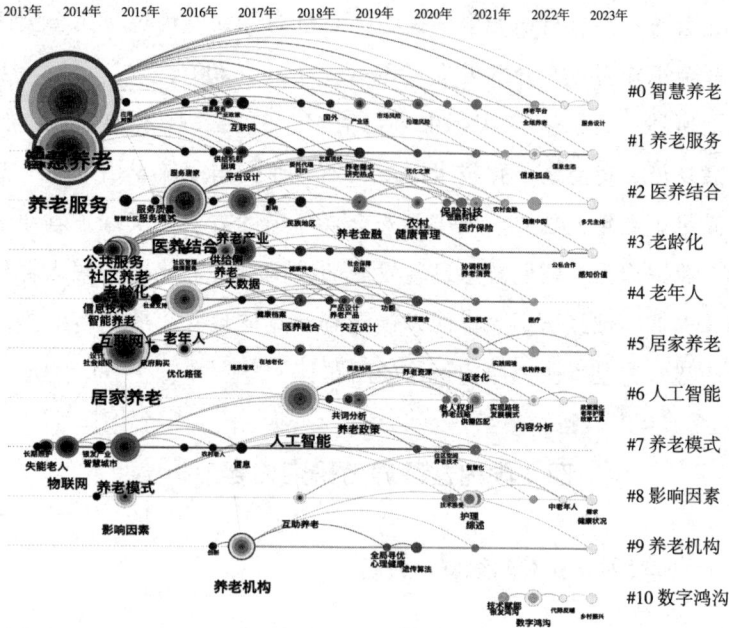

图 2　2013~2023 年国内智慧养老研究时间线图谱

智能化，"智慧养老"是"智能养老"概念的演化。从词义上讲，"智能"更多体现为技术和监控，而"智慧"则更突出"主体性""灵活性"（左美云，2014）。虽然上述概念强调的重点与范围有所不同，但关注的焦点都是"智慧养老"的内涵和边界问题，对于智慧养老的后续发展起到了指向性作用。

2. 模式探索期（2014~2019 年）

2014 年前后，"智慧养老"开始受到学术界关注，2017 年研究总量增加至 48 篇，2021 年达到 79 篇，这与国家政策开始强调互联网、物联网与智能化在养老服务中的作用有关。2015 年 7 月，国务院印发了《关于积极推进"互联网+"行动的指导意见》，提出要"促进智慧健康养老产业发展"，呼吁支持智能健康产品的创新和应用，推广全面量化健康生活新方式。2017 年，国家相继下发《智慧健康养老产业发展行动计划（2017—2020 年）》《"十三五"国家老龄事业发展和养老体系建设规划》《关于开展智慧健康养老应用试点示范的通知》三个政策文件，全面部署和推进智慧养老服务工作。2019 年 9 月，民政部下发《关于进一步扩大养老服务供给 促进养老服务消费的实施意见》，明确提出"互联网+养老"服务新模式，开发多种"互联网+"应用场景，打造多层次智慧养老服务体系，创造养老服务的新业态、新模式。在这一时期，国内关于智慧养老的文献数量呈现大幅增长趋势，"社区养老""居家养老""养老模式"等关键词开始出现在知识图谱中，一系列政策与文件的颁布推动学术界对智慧养老的内涵、智慧养老的组织模式、智慧养老的社会接受度等议题进行深入研究。

3. 数字化适应期（2020~2024 年）

受疫情影响，线上服务、智慧终端消费需求得到了快速释放，"智慧养老"理念也得到认可，学术界对于智慧养老的现状与问题有了进一步认识。从老年主体出发，数字鸿沟问题凸显，因为信息能力和数字素养存在差距，老年人不能适应数字化时代的消费及公共服务供给模式，生活受到影响。另外，城乡之间的数字鸿沟问题凸显，农村信息平台建设滞后，公共服务获得和使用效率偏低，影响了农村人口获得信息红利。在这个时期，学术研究重点开始从智慧养老模式转向智慧养老服务平台、适老化产品创新、智慧健康管理等议题。一方面，关注城乡老年数字鸿沟的解决机制；另一方面，关注智能技术与传统组织模式的互构，如依托大数据智能系统，养老产业如何与医疗机构、房地产行业、保险机构进行跨领域合作，医疗卫生体系如何与养老服务体系相融合等（韦乃凤等，2020）。

（二）热点研究议题：高频关键词贡献及中介中心性分析

关键词是一篇论文研究主题的高度概括，对高频关键词的统计与分析可反映某一研究领域的热点主题。本文通过 CiteSpace 软件对样本文献的高频关键词进行共现图谱的绘制（见图3），得到的关键词图谱包含 289 个节点、455 条连线，聚类模块指数（Q 值）为 0.9642，平均轮廓指数（S 值）为 1，说明该图谱的网络结构是合理的，能够代表智慧养老领域的研究热点。从频次来看，"智慧养老""养老服务""居家养老""医养结合"是最主要的核心关键词（频次越高说明研究热度越高），"老年人""人工智能""老龄化""养老模式"为次级主要的核心关键词。中介中心性代表关键词的影响力，中心性越强说明该关键词的影响力越大。从中心性看，"智慧养老"仍为最重要的关键词，中心性高达 0.6，其余中心性较强的关键词依次为"养老服务""居家养老""医养结合""养老机构""社区养老"。这说明智慧养老理念已转化为具体实践，并且已与我国三大养老模式密切融合。

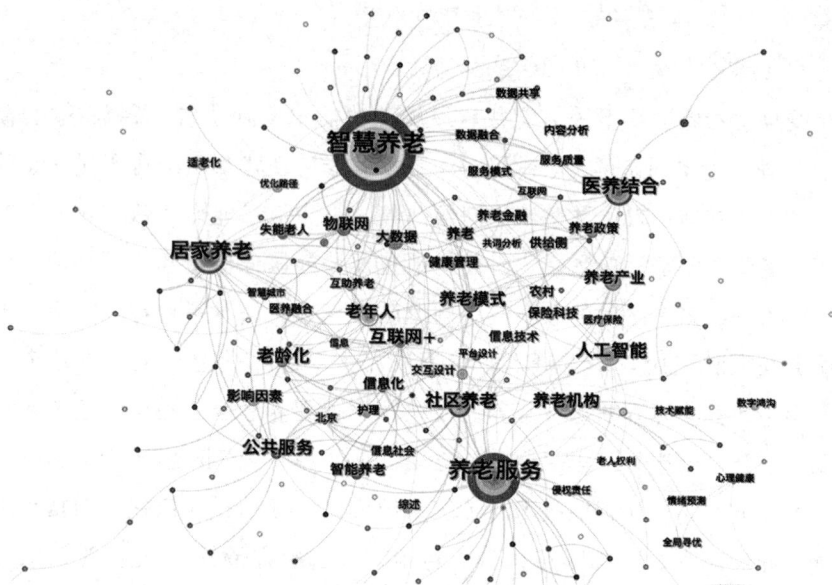

图 3　国内智慧养老领域文献高频关键词共现图谱

1. 智慧养老

"智慧养老"是贯穿本文的核心概念，也是目前学术研究的知识基础。由于社会背景与养老需求的不同，国内外学术界对智慧养老研究的关注点存在差异。国外学者对智慧养老议题的关注经历了从以产品为中心到以用户为中心、从注重外在功能到关注内在伦理的转变（闫萍等，2023）。国内研究则主要集中在以下三个方面。一是大数据技术的研究，图 3 显示"数据共享""数据融合""大数据"等是"智慧养老"的核心议题。智慧养老的成功运行离不开政府、企业和个人的数据资源的支撑，大数据技术，以及数据的并行存储技术、数据的预处理技术和数据的共享技术等（张龙鹏等，2019）。其中，数据共享成为发挥数据价值的重要途径，个人健康信息分布于各级医疗系统中，社会保障信息分布于各级社保系统中，养老服务信息分布于各级民政系统中，发挥智慧养老的优势首先需要打破"数据孤岛"，挖掘数据的潜在价值，以数据流、数据算法引导资源、技术和人才向稀缺部门匹配。二是关于智能养老科技的研究。智能科技也是智慧养老的核心。目前的智能养老科技硬件主要以穿戴式、便携式、自助式三类健康监测管理仪器为主，功能以语音对话、人像识别为主。为了满足未来养老需求，需要加强技术和服务之间的连接匹配，并着重发展关键技术，以便有效地弥合老年人的数字鸿沟（纪竞垚，2022）。三是关于智慧养老模式的研究。智慧养老模式基于空间因素可分为智慧居家养老、智慧社区养老和智慧机构养老三个子领域。相较于传统养老模式成本高和效率低的特点，智慧养老模式以科技赋能，最大限度地涵盖老年人的多元养老模式，研发适老化产品，促进产品智能化和科技化，提供高效优质的养老服务，逐步消弭数字鸿沟，打造老年友好型智慧社区，为老年人的健康与幸福提供保障（李新瑜等，2023）。

2. 养老服务

相较于一般公共服务，养老服务具有更高的复杂性和更大的不确定性，被认为是一项典型的"复杂公共品"。一方面，养老服务作为老年人的基本养老需求，具有准公共品性质，需要政府承担兜底功能。在中国，政府通过实物供给（如集中供养）和货币供给（如尊老金）两种方式满足特殊困难老年人的养老需求（王锴，2023）。另一方面，养老服务横跨正式部门和非正式部门，正式部门指市场化主体和社会组织，非正式部门包含家庭、家族、社区等非正式资源。在中国传统养老体制中，非正式供给机制（家庭）承担着养老服务的主要供给责任。进入现代社会，家庭逐渐小型化，市场化主体和社会组织开始进入家庭，弥补家庭养老服务供给不足。智能技术嫁接到养老服务场域，需要与传统的制度模式相衔接。从技术层面看，智慧养老需要与居家、社区、机构相融合，根据老年需求偏好提供多样化的养老服务（屈芳、郭骓，2017）；从管理层面看，智慧养老服务催生了新的政府治理模式，数字技术应用于实体空间之上，创造了新的数字空间和数字规则（向静林、艾云，2023），在一定程度上破除了部门利益分割，可以有效革除养老服务的"政府一元"、单一模式、资源分散以及准行政化管理等弊病，回应公共服务和社会治理数字化智慧水准的提升要求（刘奕，2021）。我国有关智慧养老服务的政策最早可追溯至 2010 年，发展至今，以智慧养老为底座支撑的颐养、照护、医疗（"养护医"）三位一体养老服务体系得到广泛认可，通过整合碎片化的养老服务资源，能够理性、恰当地运用智能技术为老年人提供快速精准的"养护医"养老服务，同时健全周期性的服务监管体系，实现智慧养老的目标（王宏禹、王啸宇，2018）。然而，智慧养老服务的快速发展仍产生了许多问题，如人工智能嵌入智慧养老存在标准体系建设不完全、技术研发不成熟、人才队伍不健全等（赵奕钧、邓大松，2021）。养老服务"数字失范"使"数字分层""数字冷漠"等问题出现，进一步扩大了老年人与智慧养老服务的"数字鸿沟"（易艳阳，2022）。除去种种技术上的难题，智慧养老服务在地方的普及推广更是遭遇阻滞（张泉，2020）。

（三）智慧养老知识演化：基于关键词聚类知识图谱分析

国内关于智慧养老研究的文献可分为 15 个聚类，知识图谱中显示前 11 个，分别是"#0 智慧养老""#1 养老服务""#2 医养结合""#3 老龄化""#4 老年人""#5 居家养老""#6 人工智能""#7 养老模式""#8 影响因素""#9 养老机构""#10 数字鸿沟"。图 4 数据结果显示，聚类模块值 Q 为 0.6262（>0.5），平均轮廓值 S 为 0.8870（>0.7），说明 15 个聚类结果合理，可信度也较高，且多个模块之间关联密切。"#9 养老机构""#10 数字鸿沟""#3 老龄化""#0 智慧养老"的平均轮廓值 S 均达 0.9 以上，表明这四个聚类为国内智慧养老的主要研究方向。另外，"#0 智慧养老"和"#1 养老服务"的聚类规模都达到 34，说明智慧养老与养老服务皆为智慧养老研究的重要分支。

为了使主题更加突出，本部分根据关键词聚类团的内容与标签词及它

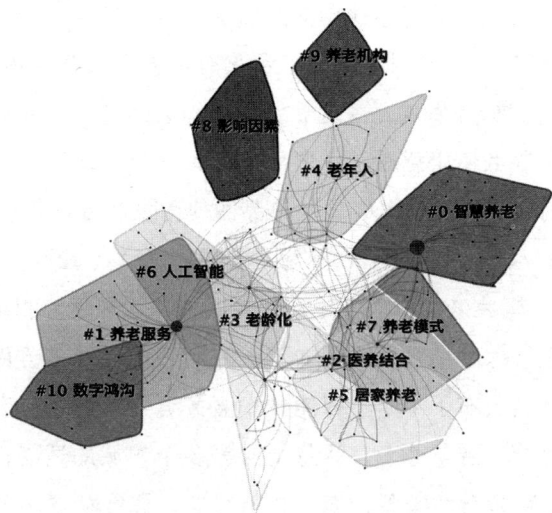

图 4 国内智慧养老领域文献关键词聚类图谱

们在图谱中的交叉程度对相关信息进一步归纳整合，将研究聚焦老年主体、智能养老技术、公共系统、社会系统、家庭系统五个主题。

1. 智慧养老中的老年主体（#1 养老服务、#4 老年人、#8 影响因素）

老年人作为智慧养老领域中的能动性主体，对智慧养老的发展具有举足轻重的作用。目前这一领域的研究大体可划分为三类。一是对老年人的智慧养老服务需求进行研究。张园和连楠楠（2018）指出，老年人在生活医疗保障和心理慰藉等方面的智慧养老服务需求较大；智慧养老产品需求主要集中在身体健康监测和突发情况处理等方面；智慧养老服务支持与保障需求主要体现在提供再就业机会、完善法律制度、公益性支持等方面。李燕鸽（2019）研究发现，经济状况、子女数目、受教育程度、老人数目、健康自评和精神状态是影响老年人智慧养老服务需求的主要因素。二是对老年人智慧养老产品使用意愿的研究。研究发现，老年人智慧养老产品使用意愿不强（于潇、孙悦，2017），老年人的受教育程度、经济状况、健康状况、心理状况、在地老化意愿等个人因素影响了其对智慧养老产品的认识水平（Godfrey & Johnson，2008；Eastman & Iyer，2004）。同时，产品有用性、易用性、安全性、功能多样性等产品因素（Magnusson et al.，2004）以及非政府组织支持等社会支持因素也将影响老年人的效能感（王立剑、金蕾，2021）。三是对老年人平台化智慧养老服务使用意愿的研究。姚兴安等（2021）研究发现，主观规范、感知易用性、感知有用性是影响老年人智慧养老服务使用意愿的主要因素；张钊等（2023）指出，感知价值和数字能力对老年人智慧养老服务产品的使用意愿有显著影响。

2. 智能养老技术的演进（#0 智慧养老、#6 人工智能）

《"十四五"国家老龄事业发展和养老服务体系规划》根据国情做出加强居家社区养老、医养结合模式和老年人产品智能化等多方面部署。国家发展改革委向社会公布了 100 个智能技术服务老年人的示范案例，包含智慧出行、智慧医疗、智慧养老、智慧金融等多个领域的适老化技术。综合来看，智慧养老可以分为智慧助老、智慧用老、智慧孝老三个方面（左美云，2018），是大数据、人工智能等数字技术与养老服务深度融合的新型养老模式（王张华、贺文媛，2021）。对于如何实现养老智慧化，有学者大力倡导开发人工智能机器人辅助养老（何艳玲，2016）；也有学者认为，互助养老硬件平台的搭建可以实现智慧资源的互联互通（曹莹、苗志刚，2018）。借助先进技术研发智能适老产品，有助于满足老年人的多样化需求。比如，研发应用传感器、可穿戴设备等产品，实现实时定位、远程看护、实施健康监测、机器人辅助照料等功能（程雁、孙志明，2021），让智慧养老产品真正发挥其应用价值和便捷作用。在"互联网+"行动计划的带动下，"数智赋能互助养老"（邰鑫鑫，2023）、"虚拟养老院"（张洋阳、黄建洪，2023b）、"养老服务 B2B+B2C 双层众筹融资模式"（俞爱平，2017）等新型养老概念层出不穷，为我国积极应对人口老龄化趋势、创新养老服务模式提供了思路。

3. 公共系统与智能养老技术（#3 老龄化、#6 人工智能、#7 养老模式）

从经济学角度来看，智慧养老体系是外部性极强的公共产品，需要政府部门参与智慧养老服务体系建设（白玫，2016）。其主要角色和作用体现在以下四个方面。一是引导社会资本参与智慧养老产业。2021 年工信部、民政部和国家卫健委联合发布《智慧健康养老产业发展行动计划

（2021—2025 年）》，重点推动、重点发展健康管理类、养老监护类、康复辅助器具类、中医数字化智能产品及家庭服务机器人五大类产品。社会资本在智慧健康养老领域具有先入优势，政府通过税收、土地等优惠政策引导社会资本进入智慧养老产业，促进新一代信息技术在健康及养老领域的集成创新和融合应用，提升健康养老产品及服务的智慧化水平。二是政府对智慧养老市场进行规划和监管，信息化平台、大数据技术相当于双刃剑，在提高公共服务供给效率的同时，也带来数据泄露、算法歧视等风险。政府部门需要预防技术运用的责任风险，提升技术后期应用的稳健性，提高算法、大数据、区块链及人工智能等技术运用的标准，不断完善有关虚拟养老技术应用的规章制度，将技术运用更多置于制度及规范的框架下运行（张洋阳、黄建洪，2023a）。三是提高政府公共服务效率，以信息化平台重塑政府购买方式（陈文秀、石懿，2021）。利用人工智能与数字识别技术，判别服务对象、登记服务信息、预测潜在风险、丰富服务内容，满足社区养老需求，促进我国养老供需的有效匹配（赵洲洋，2022）。四是创新政府治理模式。在大数据时代，信息化技术重构了不同主体之间的权力责任关系。政府、社会、企业和社区通过组织结构重组，在一定程度上提升了社会的综合治理能力（孟天广、赵娟，2018；王扩建，2023）。

4. 社会系统与智能养老技术（#5 居家养老、#7 养老模式、#9 养老机构）

为破解传统养老模式的困境，国务院于 2017 年出台了《"十三五"国家老龄事业发展和养老体系建设规划》，以正式文件的形式提出了"四位一体"养老新体系，即"以居家为基础、以社区为依托、以机构为补充、医养相结合"，这是第一个以国家名义颁布的老龄事业发展和养老体系建设的指导性文件（高雅祺，2022）。如今，我国形成了社区居家养老、医养结合机构养老、"时间银行"互助养老等满足个性化需求人群的多元养老模式（梅仪、华晔，2023）。其中，社区居家养老 O2O（"线上和线下双互动"）模式是智能养老技术整合多方养老主体力量形成的社区居家养老服务供需匹配新模式，其通过搭建以社区居家养老 O2O 平台为载体，以社会养老服务资源跨界合作为基础，以满足老年人"看、养、护、医"的各类需求为核心，联结家庭、社区和养老行业组织，构建"以家庭为基础，以社区为辅助，以外部市场化医护资源为有效补充"的立体社区居家养护机制（徐兰、李亮，2021）。此外，养老机构作为我国养老产业中的重要支柱，也是智能养老技术融合的关键领域。现有研究指出，养老机构依靠人工智能设备提供"堂食+外卖"的智慧养老服务，有利于缓解老年照护资源不足（魏强、吕静，2021）、养老护理员短缺的问题（吴雪，2022）。智慧养老机构实际上并非简单将互联网技术与养老机构服务等进行叠加，而是利用现代科技优化养老设施，延伸企业服务的边界，提高企业整体竞争力（田钦瑞、李桥兴，2024）。封铁英、黑晓燕（2024）基于技术-组织-环境（TOE）框架探索养老机构服务智慧化转型的驱动因素，结果显示，以技术-组织-环境驱动型和技术-组织驱动型两种驱动类型下的四种组态形式协同促进了养老机构智慧化转型。

5. 家庭系统与智能养老技术（#3 老龄化、#5 居家养老）

居家养老服务中的"家"实际上是一个空间概念，既包含不同的社会主体，也包含不同的技术场域。借由现代科技，将政府、市场与社会资源引入"家"中，可以补充传统家庭养老服务的内容，使"家"成为一个共同生产的空间，而技术既可以成为工具，也可以充当渠道和媒介。智慧养老与居家养老的交叉在于利用先进的科技手段，将老年人与社区、养老机构等紧密联系起来，整合现有的服务资源，识别化解老年风险，打破固有的机构化养老服务，满足老年人原址养老的需求（贾玉娇、王丛，2020）。技术嵌入居家养老服务研究体现了两类研究路径。一类强调"技术决定论"，强调技术革新对服务体系的优化作用，服务体系的"智慧"与技术单方面相关。在此价值主导下，老年人作为智慧居家养老服务的需求表达者被异化为养老服务的被动接受者。技术仅仅将老年人纳入应用系统或平台，老年人成为技术的客体，是技术改造和提高的对象（董红亚，2019）。另一类强调社会的建构作用。家庭组织作为传统的再生产主体，一定会对技术产生能动性作用，从吉登斯结构二元论出发，在信息技术社会，老年个体和家庭也将主动做出能动性调适，信息技术将被嵌入原有的家庭结构和社群结构，作为传统养老的有效补偿机制（贾玉娇、王丛，2020）。

6. 智慧养老五大主题之间的逻辑结构关系

本文采用机器分析和人工阅读相结合的方法，提炼了智慧养老的五个关键议题，即公共系统、社会系统、家庭系统、智能养老技术及老年主体。五个研究主题之间并不是孤立的，而是具有系统性关联（见图5）。公共系统包括各级政府、政府相关部门；社会系统包括机构、社区、居家、医养结合等养老服务组织；家庭系统是指老年人的家庭成员、亲属等构建的社会支持网络；智能养老技术则是指以数据算法为支撑的智慧化服务系统，包括养老信息（数据）收集、养老信息管理、养老信息使用等多个主体，本部分统称为智能养老技术。

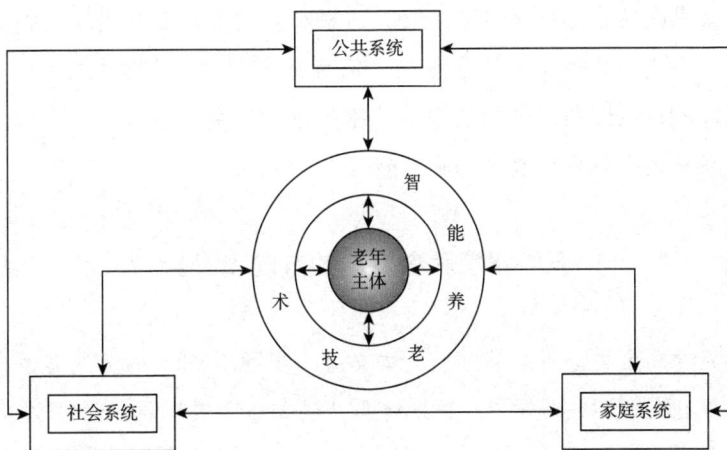

图 5　智慧养老服务供给系统示意

资料来源：王成等，2023。

在五大系统中，老年主体居于智慧养老服务供给系统的中心位置，即外部资源、信息流向的终点，也是能动参与养老服务决策的起点。智能养老技术作为传播媒介和技术工具，将需求信息传导到家庭、公共或社会系统，之后由各个系统为老年主体提供个性化的服务。实际上，老年人在供给系统中并不是被动的客体，而是具有能动性的主体，参与智慧养老服务体系的构建。基于养老服务的特殊属性，政府相关部门等公共系统在养老服务供给中扮演政策制定者、规制执行者和兜底补贴者三重角色。在技术嵌入过程中，一方面，老年人的养老服务需求可以通过大数据精准预测，养老服务组织也可以通过 GIS 系统导航，通过供需匹配，提高政府公共服务治理能力；另一方面，技术嵌入也会产生负向影响，政府应规避或监测智慧养老服务可能产生的风险，比如资金监管、信息保密、伦理安全等问题。社会系统指机构、社区等通过多种方式满足养老服务需求，在信息化背景下，基于大数据算法优势，机构、社区养老服务可以突破物理边界延伸至家庭、老年人周边，将线上与线下服务相结合，发挥社会养老服务组织的最大效能。家庭系统与智慧养老连接，弥补了断裂的"家"空间，形成了子女与父母间的新型互动机制。除此之外，随着智能传感技术的应用，智慧家庭功能也将逐步嵌入原有的家庭空间中，提高老年人独立生存的能力。上述公共系统、社会系统、家庭系统与智能养老技术深度融合，以老年人的自主性和需求为核心，搭建共建、共生、共享的可持续生态网络，提高养老服务系统整体的服务能力。

五　智慧养老发展的方向和趋势

在关键词聚类分析的基础上，本文进一步利用 CiteSpace 的突发性探测功能，得到突现性较强的 25 个关键词。根据每个关键词的突现强度（突现强度越高，受关注程度越高）及其出现和消失的年份，本文重点分析 2016 年以来突现的 12 个关键词（见图 6），探讨智慧养老领域未来的发展趋势。

（一）医养结合与智能养老技术的融合

2016 年，"医养结合"这个关键词突现强度提高，说明医养结合成为新时期养老领域的新问题。2015 年，《国务院办公厅转发卫生计生委等部门关于推进医疗卫生与养老服务相结合指导意见的通知》对医养结合问题作了具体阐释，即"目前有限的医疗卫生和养老服务资源及彼此相对独立的服务体系远远不能满足老年人的需要，迫切需要为老年人提供医疗卫生

医养结合	2016	1.76	2018	2019
医养融合	2018	1.08	2018	2020
健康养老	2018	0.96	2018	2019
双边市场	2019	1.87	2019	2020
养老产业	2017	1.55	2017	2021
大数据	2017	1.46	2019	2020
信息协同	2019	0.93	2019	2020
产品设计	2019	0.93	2019	2020
伦理风险	2020	0.79	2020	2021
医疗保险	2021	1.12	2021	2023
供需匹配	2021	0.95	2021	2023
养老政策	2019	0.80	2021	2023

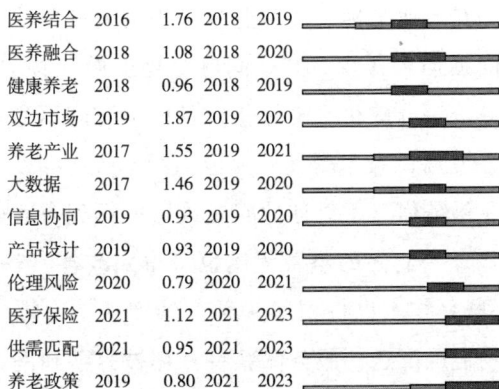

图6 国内智慧养老研究关键词突现图谱

与养老相结合的服务"。从问题界定来看，党的十九大之前养老领域的主要问题是社会化养老服务发展滞后[①]，而到了新的时期，养老领域的主要问题是医疗服务和养老服务结构分割。因为政府职能部门分割，医养结合难题一直很难突破。互联网通过平台、数据、算法等技术革新，对医疗卫生数据与养老服务数据进行整合；通过医疗资源与养老服务融合，利用医疗大数据为老年人提供精准的综合医疗保健与养老照护（王海鹏等，2021），有可能推动医养结合制度创新。

（二）健康养老产业与智能养老技术融合

2018年以来，"健康养老""供需匹配"等关键词突现强度较高，这与我国的宏观政策导向密切相关。党的十九大报告提出，"积极应对人口老龄化，构建养老、孝老、敬老政策体系和社会环境，推进医养结合，加快老龄事业和产业发展"；党的二十大报告提出，"实施积极应对人口老龄化国家战略，发展养老事业和养老产业，优化孤寡老人服务，推动实现全体老年人享有基本养老服务"。这意味着中国发展到现阶段，老龄事业和

---

① 《国务院办公厅关于印发社会养老服务体系建设规划（2011—2015年）的通知》，https://www.gov.cn/govweb/xxgk/pub/govpublic/mrlm/201112/t20111227_64699.html。

产业发展将被提上议事日程。而我国养老服务产业属于新兴产业，本身存在一些固有问题。在产业结构上，产业总量规模大但单体规模小、产业链过短过窄、产业间横向合作少、产业间融合程度低（杨立雄，2017）；在服务供给上，服务资源分散化、碎片化，且信息交流不通畅，供需不匹配（郭正模，2018）。互联网技术的发展为传统养老产业的发展提供了新的契机，养老服务产业供需信息不对称的问题或可能得到有效解决；产业组织结构将更加扁平化，产业间的整合程度也可得到改善（李扬萩、李彦章，2018）。同时，互联网技术也将构建一种全纳产业链，需求信息、原料采购、智能制造、物流网配送、服务体验将全部被容纳到网络化的生产组织（江小涓，2017）。政府向智慧养老产业引入多种社会资源，推动智慧养老产业的发展及智慧养老服务市场的培育，可以为实现高质量、全覆盖的智慧养老产业奠定坚实基础（吴雪，2021）。

（三）智慧养老服务的异化与伦理风险

2019 年之后出现的突现词包括"信息协同""产品设计""伦理风险"，突现强度分别为 0.93、0.93、0.79。疫情时期，智慧养老被重点应用，智能技术在实现普及的同时也催生出一系列问题。人工智能科技是智慧养老的底层支撑力，学术界对人工智能科技的应用存在一定伦理道德上的质疑。有学者指出，智能化技术设备和虚拟系统不具有人文温度，很难实现心灵沟通，故现阶段智慧养老尚无法完全取代子女养老（王健、林津如，2019）。老年人照护领域应用大数据和人工智能等新技术，必须确保其日常生活的功能性、安全性和有效性（司晓、曹建峰，2017），但智能技术比传统技术专业性更强，需要专业技术人员进行日常维护，从而使智慧养老面临新的难题（吴婧文等，2023）。目前，智慧化手段虽然可以帮助老年人增强外部控制力，但老年人是被动接受客体（王锴、林闽钢，2019），技术隔阂导致老年人智慧产品低智能化利用（贾玉娇、王丛，2020）、服务供给存在安全隐患（张雷、韩永乐，2017）、侵犯服务对象隐私（信息隐私和身体隐私）与影响服务对象自主性（独立性/知情同意）等伦理安全问题是未来学术研究探讨的重要领域（王俊秀，2020；Breuer et al.，2020）。

（四）信息福利与老年数字鸿沟问题

智慧养老理念经过十几年的发展已成功转化为实践，通过云计算等先进信息技术手段对老年人的服务需求进行准确分析和预测，养老机构和照护人员可以及时匹配老年人的服务需求（李力等，2023），提高老年人的健康水平，增进老年人的福祉（伍麟、张莉琴，2022）。然而，总体来说，数字鸿沟仍然阻碍了老年群体获得信息红利。杨菊华（2019）认为，智慧康养中的"智慧"不仅仅是指技术层面，在重视平台运营的同时，不能忽视对老年人自身需求的了解以及对老年人使用智能产品能力的建设。城乡二元结构使城市老年群体与农村老年群体之间产生了数字鸿沟，经济、受教育程度以及网络基础设施建设的差距导致农村老年群体在信息技术获取方面的劣势。因此，如果在智慧康养的推进过程中忽视农村老年群体的特殊情况，将会进一步拉大城乡之间的差距，加剧农村老年群体的数字贫困。

（五）技术决定取向与社会建构取向的融合研究

目前，智慧养老研究力量主要集中在高校和科研院所，学科背景以公共管理学为主，不同地区的研究相对独立。

本研究通过聚类分析发现，智慧养老学术研究主要形成了以南京大学信息管理学院为代表的"大数据"主题、重庆医科大学附属第一医院护理部为代表的"老年科技"主题、东北师范大学为代表的"互联网+健康养老"主题等五个研究分类，其他机构和学者的研究没有形成明显的主题，整体网络密度较低（见图7）。其他机构和学者的研究领域相对松散，相互之间缺少学术合作。南京大学信息管理学院团队基于"大数据"优势，重点研究智能技术研发和应用，偏重技术本身的研究，比如智慧家庭（智慧环境）的建设；而重庆医科大学关注的"老年科技"主题、东北师范大学关注的"互联网+健康养老"主题，则偏重智慧老龄化研究趋向，重点关注智能技术如何应用于老年群体的研究。然而，单一取向的研究存在事实偏差，未来智慧养老研究领域越来越需要交叉学科的融合研究。

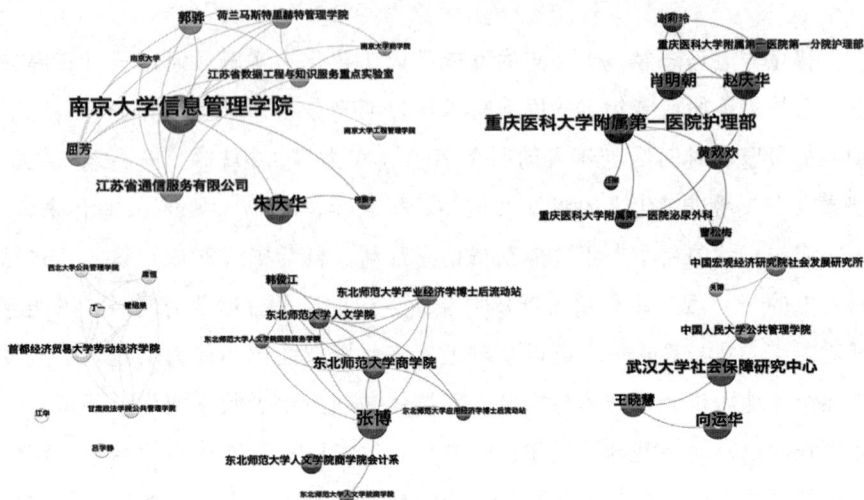

图 7　国内发文机构与发文作者共线图谱

六　结论与思考

本文运用 CiteSpace 软件动态分析了智慧养老领域研究现状、研究热点及研究趋势的变化。从纵向视角看，智慧养老研究主要经历了三个发展时期，分别为概念启蒙期、模式探索期和数字化适应期。公众对智能化生活方式的需求不断增加，推动了社会各领域的数字化转型发展，从政府治理到公共服务供给再到个人消费，数字化正逐步融入社会生活的各个方面。在智慧养老领域，2019 年之前，学界主要聚焦智慧化内涵、智能技术形态、智慧养老模式理想类型等方面的探讨；2019 年之后，随着数字基础设施普及化，老年群体的数字鸿沟问题凸显，众多研究开始转向数字鸿沟及其与传统分层体制之间的关联性。从横向视角看，本文提炼了智慧养老的五个关键议题，即公共系统、社会系统、家庭系统、智能养老技术及老年主体。五个研究主题之间并不是孤立的，而是具有系统性关联。老年主体处于智慧养老服务供给系统的核心。与传统养老服务体系不同，智能养老技术作为传播媒介和技术工具，既可以赋能于老年人，提高老年人的自主选择能力，又可能产生反向"控制"，抑制老年人的自主性，降低老年人的效能感，这取决于整个社会养老服务制度建构的价值观念。从治理结构上看，公共系统起着核心的价值导向和规制作用，可以引导社会系统、家庭系统与智能养老技术深度融合，以老年人的自主性和需求为核心，搭建共建、共生、共享的可持续生态网络，提高养老服务系统整体的服务能力。

本文通过文献分析也发现了现有研究的不足。

首先，研究议题要着重关注智能养老技术与实践的融合发展。智慧养老终端产品是满足用户需求、实现养老服务价值共创的重要途径，将人工智能、物联网等新兴技术与实际养老实践相结合，通过智能养老技术创新解决养老服务中的问题。然而，这种融合并非简单地将技术叠加到现有养老服务中，而是需要理解中国社会的制度和文化背景，比如中国社会的组织机制、家庭养老模式、家庭孝道观念等。技术研究领域存在三种研究视角，分别为"技术决定论""社会建构论"和"技术社会互构论"。后两种视角着重强调技术既是社会组织转型的动力，也将被原有的社会基础、制度基础形塑。现有的研究缺乏从深层次探讨互联网智能技术嵌入养老服务体系的过程性研究。

其次，研究理论要注重整合和建构具有中国特色的智慧养老理论体系。国内智慧养老研究主要依靠引入国际及其他学科领域的成熟理论模型，管理学、社会心理学、经济学等领域的理论为研究提供了部分理论框架，导致国内智慧养老研究的理论生成和创新发展缺少内生动力（刘婵君等，2023）。未来研究应重视基于中国实践经验的案例研究，总结出可供借鉴的经验及模式，并结合现有理论模型进行比较验证，逐步形成根植于中国本土实践和文化背景的智慧养老理论体系，为推行智慧养老提供切实可行的理论指导。

最后，研究方法要注重定量研究与定性研究相结合。既有智慧养老领域的研究多是依靠主体观察、归纳及实践经验积累的定性研究，缺乏基于定量模型的统计分析、建模模拟研究。智慧养老依托大数据、互联网等，在运行过程中需要精准识别老年用户需求、整合分享养老信息，从而为老年群体提供多样化的养老服务，因此更需要依托定量模型演绎智慧养老服务的施行效果。未来研究应持续关注国内外研究方法的进展，尝试更多复杂化、多元化的研究方法，深入阐释智慧养老服务体系和运行机制。

参考文献

白玫，2016，《智慧养老：养老体系需要顶层设计》，《江苏商论》第 3 期。

曹莹、苗志刚，2018，《"互联网+"催生智慧互助养老新模式》，《人民论坛》第 8 期。

陈文秀、石懿，2021，《"十四五"时期智慧社区养老发展影响因素及其对策研究》，《经济研究参考》第 9 期。

陈悦、陈超美、刘则渊、胡志刚、王贤文，2015，《CiteSpace 知识图谱的方法论功能》，《科学学研究》第 2 期。

程雁、孙志明，2021，《供给侧改革视角下基于社区的"医养+康养"新路径思考》，《卫生软科学》第 3 期。

董红亚，2019，《技术和人文双维度下智慧养老及其发展》，《社会政策研究》第 4 期。

封铁英、黑晓燕，2024，《养老机构服务智慧化转型驱动因素组态与路径识别——基于模糊集的定性比较分析》，《西安交通大学学报》（社会科学版）第 3 期。

高雅祺，2022，《独居老人主观幸福感影响因素分析——基于 CGSS 2017 年的数据》，《科技和产业》第 12 期。

郜鑫鑫，2023，《数智赋能互助养老：内在逻辑、现实困境及实现路径》，《卫生软科学》第 12 期。

郭正模，2018，《我国老龄产业的市场供给特点、运作机制及能力提升途径探讨》，《老龄科学研究》第 4 期。

何艳玲，2016，《分享经济下"互联网+家庭式"共享养老模式》，《中外企业家》第 32 期。

胡黎明、王东伟，2007，《新型数字化居家式养老社区解决方案》，《智能建筑》第 11 期，第 20~21 页。

纪竞垚，2022，《强化应对人口老龄化的科技创新支撑》，《老龄科学研究》第 2 期。

贾玉娇、王丛，2020，《结构二重性视角下智慧居家养老服务体系释析——从"人技隔阂"到"人技融合"》，《社会科学战线》第 12 期。

江小涓，2017，《高度联通社会中的资源重组与服务业增长》，《经济研究》第 3 期。

李力、赵红梅、樊俊杰、马宝英、张丹，2023，《"互联网+"智慧养老对策的研究》，《现代营销》（上旬刊）第 11 期。

李新瑜、王诗颖、王思齐、孙子阳、徐朱瑶，2023，《中国智慧养老领域的研究热点、趋势与展望——基于 Cite Space 的文献计量学研究》，《科技和产业》第 22 期。

李燕鸽，2019，《老年人智慧养老服务需求及其影响因素分析——基于对河南省开封市的调查》，《忻州师范学院学报》第 4 期。

李扬萩、李彦章，2018，《"互联网+"养老产业的供给侧改革》，《开放导报》第 1 期。

刘婵君、李爽、郭锦言，2023，《国内外智慧养老研究比较分析：议题选择、理论分野与方法取向》，《电子政务》第 9 期。

刘凯、许军、夏旭，2016，《数据可视化分析软件 CiteSpace 在自测健康研究中的应用》，《中国医学物理学杂志》第 12 期。

刘奕，2021，《从资源网络到数字图谱：社区养老服务平台的驱动模式研究》，《电子政务》第 8 期。

马凤领、李明杰，2011，《加快科技创新推进科技养老》，载中国康复研究中心《第六届北京国际康复论坛——截肢与康复工程分论坛论文集》，国家康复辅具研究中心，第 64~66 页。

梅仪、华晔，2023，《面向差异化需求的多元养老服务模式分析》，《中国管理科学》第 8 期。

孟天广、赵娟，2018，《大数据驱动的智能化社会治理：理论建构与治理体系》，《电子政务》第 8 期。

屈芳、郭骅，2017，《"物联网+大数据"视阈下的智慧养老模式研究》，《信息资源管理学报》第 4 期。

史云桐，2012，《网络化居家养老：新时期养老模式创新探索》，《南京社会科学》第 12 期。

司晓、曹建峰，2017，《论人工智能的民事责任：以自动驾驶汽车和智能机器人为切入点》，《法律科学》（西北政法大学学报）第 5 期。

田钦瑞、李桥兴，2024，《养老机构智慧化水平测度：理论与实证》，《中国全科医学》第 7 期。

王成、李东阳、周玉萍，2023，《社区智慧养老服务供给——责任网络、现实约束与机制构建》，《人口与经济》第 1 期。

王海鹏、柴晓芸、盛俊宇、吴学勇，2021，《区域医联体模式下大数据医疗和智慧养老相结合精准服务模式研究》，《中国医院》第 12 期。

王宏禹、王啸宇，2018，《养护医三位一体：智慧社区居家精细化养老服务体系研究》，《武汉大学学报》（哲学社会科学版）第 4 期。

王健、林津如，2019，《护理机器人补位子女养老的伦理风险及其防范》，《道德与文明》第 3 期。

王俊秀，2020，《数字社会中的隐私重塑——以"人脸识别"为例》，《探索与争鸣》第 2 期。

王锴，2023，《嵌入与脱嵌：政府购买服务中的双重管理逻辑》，《北京社会科学》第 10 期。

王锴、林闽钢，2019，《增能视角下我国智慧化养老服务的转型升级》，《理论月刊》
　　第 6 期。

王扩建，2023，《向技术借力：数字赋能社会组织社区养老服务何以可能?》，《中共天
　　津市委党校学报》第 6 期。

王立剑、金蕾，2021，《愿意抑或意愿：失能老人使用智慧养老产品态度研究》，《西北
　　大学学报》（哲学社会科学版）第 5 期。

王张华、贺文媛，2021，《智慧养老的伦理风险及其消解》，《天津行政学院学报》第
　　6 期。

韦乃凤、韦杏、韦丽珍、诸葛日燕，2020，《京族医药养生养老模式初探》，《亚太传统
　　医药》第 7 期。

魏强、吕静，2021，《快速老龄化背景下智慧养老研究》，《河北大学学报》（哲学社会
　　科学版）第 1 期。

吴婧文、王敏、张小媛、刘茂霞、许佳兰、阎红，2023，《智慧养老的潜在风险及对
　　策》，《现代临床医学》第 6 期。

吴雪，2021，《智慧养老产业发展态势、现实困境与优化路径》，《华东经济管理》第
　　7 期。

吴雪，2022，《“十四五”我国智慧养老发展的态势分析与实现路径》，《经济体制改
　　革》第 3 期。

吴玉霞、沃宁璐，2016，《我国智慧养老的服务模式解析——以长三角城市为例》，《宁
　　波工程学院学报》第 3 期。

伍麟、张莉琴，2022，《数字技术纾解老年人精神孤独的层级与功能》，《华中师范大学
　　学报》（人文社会科学版）第 1 期。

向静林、艾云，2023，《数字社会发展与中国政府治理新模式》，《中国社会科学》第
　　11 期。

徐兰、李亮，2021，《互联网+智慧养老：基于 O2O 理念下的社区居家养老服务模式》，
　　《中国老年学杂志》第 12 期。

闫萍、王娟芬、陈知知，2023，《国外智慧养老发展现状及其启示》，《智能社会研究》
　　第 4 期。

杨菊华，2019，《智慧康养：概念、挑战与对策》，《社会科学辑刊》第 5 期。

杨立雄，2017，《中国老龄服务产业发展研究》，《新疆师范大学学报》（哲学社会科学
　　版）第 2 期。

姚兴安、苏群、朱萌君，2021，《智慧养老服务采用意愿及其影响因素研究》，《湖北社
　　会科学》第 8 期。

易艳阳，2022，《社区老年服务数字生态中的风险及治理》，《电子政务》第 4 期。

于潇、孙悦，2017，《“互联网+养老”：新时期养老服务模式创新发展研究》，《人口学
　　刊》第 1 期。

俞爱平，2017，《养老服务行业 B2B+B2C 双层众筹融资模式可行性研究》，《中国市

场》第 11 期。

张雷、韩永乐，2017，《当前我国智慧养老的主要模式、存在问题与对策》，《社会保障研究》第 2 期。

张龙鹏、冯小东、汤志伟，2019，《中国建设智慧社会的现实基础与路径选择——基于技术与制度的分析维度》，《电子政务》第 4 期。

张泉，2020，《智慧养老服务缘何遭遇普及推广难题？——基于青岛市智慧养老服务业的价值网络分析》，《理论学刊》第 5 期。

张泉、李辉，2019，《从"何以可能"到"何以可行"——国外智慧养老研究进展与启示》，《学习与实践》第 2 期。

张洋阳、黄建洪，2023a，《数字技术嵌入虚拟养老的功能偏差及其矫治》，《探索》第 4 期。

张洋阳、黄建洪，2023b，《数字时代虚拟养老的实践逻辑及风险规避——以 Z 市虚拟养老院为例》，《内蒙古社会科学》第 3 期。

张园、连楠楠，2018，《老年人对养老机构智慧养老服务需求与意愿研究——基于包头市的调查》，《经济研究导刊》第 27 期。

张钊、毛义华、胡雨晨，2023，《老年数字鸿沟视角下智慧养老服务使用意愿研究》，《西北人口》第 1 期。

赵奕钧、邓大松，2021，《人工智能驱动下智慧养老服务模式构建研究》，《江淮论坛》第 2 期。

赵洲洋，2022，《智能社会治理中的民众权益保障：困境、挑战与优化》，《社会科学》第 6 期。

朱海龙，2020，《中国养老模式的智慧化重构》，《社会科学战线》第 4 期。

朱勇，2014，《智能养老》，北京：社会科学文献出版社。

左美云，2014，《智慧养老的内涵、模式与机遇》，《中国公共安全》第 10 期。

左美云，2018，《智慧养老：内涵与模式》，北京：清华大学出版社。

Breuer, J., Bishop, L., & Kinder-Kurlanda, K. 2020. "The Practical and Ethical Challenges in Acquiring and Sharing Digital Trace Data: Negotiating Public-private Partnerships." *New Media & Society* 22 (11): 2058-2080.

Eastman, J. K. & Iyer, R. 2004. "The Elderly's Uses and Attitudes Towards the Internet." *Journal of Consumer Marketing* 21 (3): 208-220.

Evchina, Y. & Martinez Lastra, J. L. 2016. "An ICT-driven Hybrid Automation System for Elderly Care Support: A Rehabilitation Facility Study Case." *Journal of Housing For for the Elderly* 30 (1): 52-74.

Fisk, M. J. 2001. "Five: The Implications of Smart Home Technologies." In *Inclusive Housing in an Ageing Society: Innovative Approaches*. Bristol, UK: Policy Press.

Godfrey, M. & Johnson, O. 2008. "Digital Circles of Support: Meeting the Information Needs of Older People." *Computers in Human Behavior* 25 (3): 633-642.

Junestrand, S. & Tollmar, K. 1999. " Video Mediated Communication for Domestic Environments: Architectural and Technological Design. " In *Cooperative Buildings, Integrating Information, Organizations, and Architecture: Second International Workshop*, pp. 177-190. CoBuild'99, Pittsburgh, PA, USA, October 1-2.

Kissoum, Y., Kerraoui, S., & Boughaouas, M. L. 2014. *Smart Home for Elderly: Modeling and Simulation*. In ICAASE.

Magnusson, L., Hanson E., & Borg, M. 2004. " A Literature Review Study of Information and Communication Technology as a Support for Frail Older People Living at Home and Their Family Carers." *Technology and Disability* 16 (4): 223-235.

Reeves, A. A., Barnes N. M., Mizutani T., and Brown S. J. 2007. "A Trial of Telecare for Supporting Care to the Elderly in Liverpool." *Journal of Telemedicine and Telecare* 13 (1): 48-50.

数字鸿沟视角下的媒介接触与中老年谣言传播[*]

卢芳珠　黄种滨　杨石华^{**}

摘　要：本文从媒介接触视域出发，基于5982份全国性网络调查问卷，以青年群体为参照，探究媒介接触如何影响中老年群体的谣言认知能力、谣言识别能力和谣言应对行为。研究发现，官方媒体接触提升了中老年群体的新闻真实性评价，但其谣言识别能力未发生显著变化，社交媒体接触则强化了其谣言分享行为。整体而言，中老年群体在接触信息时出现一定的钝化和脱敏现象。即使接触了官方媒体和社交媒体所报道的卫生防控知识，他们对谣言的识别能力也未能得到提升。因而，我们应采取更有针对性的措施来帮助中老年群体摆脱数字鸿沟带来的困境。

关键词：媒介接触；谣言传播；中老年群体；数字鸿沟

一　引言

突发性公共卫生事件会给世界各国的社会秩序、经济发展和政治稳定带来巨大的冲击与挑战。在突发性公共卫生事件中，新闻媒体在缓解社会的恐慌情绪、满足公众的信息需求、提供正确的防护措施等方面发挥着不可替代的作用。但同时，新闻媒体也充斥着种种虚假信息和谣言。既有研究忽视了中老年群体年龄、自身身体机能等因素对其信息接收和谣言识别

* 基金项目：本文是中央高校基本科研业务费专项资金资助（项目编号：3162023ZYKD01）的阶段性成果。

** 作者简介：卢芳珠，外交学院英语系讲师，研究方向为国际传播、媒介与社会；黄种滨，中国社会科学院社会学研究所助理研究员，研究方向为社会政策、计算社会科学；杨石华，中国传媒大学传播研究院副教授，研究方向为马克思主义出版观、当代中国图书出版。

能力的影响。在中老年群体接触官方媒体或社交媒体信息后，他们的谣言识别能力是提升了还是下降了？该议题尚未得到深入研究。对该议题的研究不仅有助于探究不同群体信谣传谣的社会根源，而且有助于检验和修正媒介接触与使用理论在不同群体谣言传播现象中的适用性。因此，本文尝试提出针对中老年群体谣言识别能力的"信息钝化"解释来修正和完善媒介接触与使用理论。

二 文献综述及理论框架

（一）媒介接触与使用理论

媒介接触与使用理论聚焦公众使用媒介偏好的社会根源及其产生的建构效应（Rinner & Weaver，1987）。该理论最初主要被运用于探究公众的媒介选择、内容偏好及阅读时间的社会成因，随后学者们发现媒介接触同时也塑造了公众的政治态度，遂逐步将目光从媒介使用的成因转移至媒介接触所产生的社会效应上。喻国明等（2017）在媒介接触与使用理论基础上进行了范式修正，将传统的"媒介-受众"单一研究框架拓展为能适应当下移动互联网生态环境的"时间-空间-媒介接触行为-社会关系-心理效果"的五维研究框架，融合发展心理学、社会学、认知行为科学等跨学科理论，以突破时间和空间层面的传播技术限制，致力于将该理论运用于解释现实世界中的媒介使用成因及效应。相似地，学者们也从媒介接触视域出发，对公众的社会情绪、政治态度及应对行为进行讨论（薛可等，2017；王辉、金兼斌，2019；贾哲敏、孟天广，2020）。

和媒介接触与使用理论相似，涵化理论也着力于讨论媒体如何塑造公众的认知态度。美国学者乔治·格伯纳（George Gerbner）于 1969 年提出涵化理论，旨在解释大众的媒介信息接触如何潜移默化地影响公众对现实社会的认知与行为。通过接触大众传播媒介播放的新闻并受其主流价值观与意识形态的影响，人们对社会产生了初步的认知。随着人们自身形成的认知与大众传播媒介中的报道相吻合，人们产生了一定的共鸣，涵化效果则会越发显著。在突发性公共卫生事件中，官方媒体和社交媒体对中老年群体在谣言认知能力、谣言识别能力和谣言应对行为上呈现异质性涵化效果。

（二）媒介接触与谣言传播

海内外学者对谣言有着不尽相同的定义方式。雅格等（Jaeger et al.，1980）将谣言定义为一种"广泛传播但未经事实证明的言论"；纳普（Knapp，1944）指出谣言是口耳相传、针对特定人或事的未被证实的信息，且能实现人们某种情感上的满足。谣言一方面产生于信息缺乏的环境中，另一方面又极容易出现在信息丰富的环境中，当人们知道事实真相最糟糕的状况时，谣言恰恰是最不容易发生的，因为人们无须再通过制造谣言来解释自身的焦虑（奥尔波特，2003）。然而，随着时代的发展与变迁，造谣、传谣的别有用心者越来越多，这不仅给信息接收端较为弱势的中老年群体带来了较大困扰，而且让许多沉浸在社交网络中的青年群体也难辨信息真假。本文将从媒介主体、谣言认知、辨谣能力和应谣行为四个维度，讨论媒介接触在谣言传播中所扮演的关键角色。

首先，不同媒介主体在谣言传播过程中发挥着异质性效应。一方面，官方媒体具有权威性、直观性与现场性等特征，其在日常场景或突发公共危机中起到关键的信息传递与谣言澄清作用。在突发性公共卫生事件发生期间，有研究表明，《人民日报》、新华社、中央广播电视总台等主流媒体在电视上发布的信息最具权威性，电视媒体凭借其"直观性""权威性""现场性"等优势在突发性公共卫生事件报道中对大众有着更强的涵化效果；社交媒体平台中的央媒和政务媒体发布的信息可信度最高（曾祥敏、张子璇，2020）。另一方面，社交媒体平台具有去中心化的特性，所传递的信息中谣言与真相掺杂在一起，即使是受过高等教育的网民也往往难以从相互矛盾的信息中准确识别真相。相较于传统媒体，社交媒体传播速度快、辐射范围广，谣言更易在社交媒体平台传播，因而社交媒体接触和相关谣言传播呈现显著的正相关关系（Bridgman et al.，2020）。社交媒体在网络辟谣中并未能有效发挥媒介自净和框架共鸣效应，社交媒体和网民之间互相影响也易催生出网络舆情的群体极化现象，只有在政府官方证实事件真假之时，虚假信息的传播才会得到有效遏制（王国华等，2016）。

其次，媒介接触塑造了公众对谣言的认知。第一，谣言具有标题醒目、句式夸张、信源要素缺失、语法和逻辑混乱、文本写作口语化等特征，既利用了煽情的方式引发公众共鸣，又通过看似理性的叙述增强其说服力（张志安等，2016；施爱东，2016）。第二，公众在接触媒体新闻报道之时，会受到首因效应、刻板效应和错误信息效应等传播心理因素的影响，这对其判断信息的真实性产生负作用（石慧敏、王瑞，2010）。第三，作为新闻真实性的把关人，主流媒体及政府在遏制网络谣言的传播中起到不可替代的作用。主流媒体出现集体失语、官方部门对突发事件处置不当，会加剧谣言传播，升级后的谣言会进一步搅动公众情绪，从而形成恶性循环（苏宏元、黄晓曦、2018）。因而，公众在与媒介接触之时，受制于谣言特征、传播心理因素和新闻真实性把关人三种因素，会形成对谣言的不同认知。

再次，媒介接触会提升公众的辨谣能力。在突发性公共卫生事件发生期间，官方媒体是与谣言博弈和抗衡的重要力量。对于官方媒体而言，谣言生命周期中的"锐化点"会加快谣言的传播速度，因此政府与官方媒体需在谣言达到"锐化点"之时采取迅速果决的应对措施，第一时间为公众提供真相，只有加速真实信息的流动，才能有效弱化谣言（陈虹、沈申奕，2011；郭琪、刘志欣，2021）。官方媒体通过邀请知名专家为公众提供权威、公开的信息，掌握辟谣的主动权，提升公众的辨谣能力（王灿发、邵全红，2020）。对于社交媒体而言，虽然谣言在社交媒体中传播速度快、传播范围广，但是社交媒体平台中高密度的社交网络能帮助公众提升辨谣能力（刘鸣筝、孔泽鸣，2017）。在家庭内部，年轻后代的媒介素养整体高于中老年群体，因而子女对父母进行及时的辟谣和正确的信息引导有着重要意义（杨宏，2020）。

最后，媒介接触对公众的应谣行为起到了重要作用。在突发危机事件中，公众往往对事件真相了解不足，信息获取渠道有限，在接触社交媒体后难以做出理性、全面的判断，进而在内心产生恐慌和焦虑，最终可能盲目相信谣言（张志安等，2016；袁会、谢耘耕，2015）。从个人角度而言，公众自身存在的主观性使其首先关注的不是新闻内容本身，而是信息来源和自我需求偏好（黄毅峰，2021）。有研究显示，对于中老年群体来说，40%的会将谣言转发给子女，35%的会转发给朋友，20%的会转发给亲戚等。中老年群体对网络谣言的重视度偏低，而子代对其进行文化反哺能够有效帮助中老年群体提高对抗谣言的能力（周亚琼，2016；马丽、郭烨，2020）。

（三）数字鸿沟与信息茧房：中老年群体媒介接触与谣言传播

目前已有不少关于老年群体和数字媒介使用的相关研究（金光照等，2024；靳永爱等，2024）。作为数字媒体时代信息接收端的弱势群体，中老年群体谣言识别情况会受到媒体接触的影响。相比于青年群体，中老年群体受制于年龄、自身机体衰退等因素，在接触大众媒介发布的海量信息时，容易出现信息接收、消化与真实性识别的钝化与脱敏现象。不少研究从数字鸿沟与信息茧房等视角出发，探讨了中老年群体的媒介接触行为及其影响。本文将中老年群体存在的上述现象归纳为"信息钝化"。

一方面，中老年群体在媒介使用过程中存在数字鸿沟，这降低了其对有效信息的敏锐程度与获取信息的认知能力。换言之，中老年群体主要受制于使用技能与认知水平，技能和知识的缺位降低了其在媒体平台有效获取信息的能力。对信息通信技术的无感、信息通信技术的失位、数字技术运用的生疏及缺乏接触使用数字技术的机会等导致中老年群体数字鸿沟的进一步加深（Van Dijk & Hacker.，2003）。尽管互联网使用有效提升了中老年群体的自我效能感，并帮助其获取更多知识从而更好地融入社会，但是数字鸿沟导致他们很难辨别网络信息的真伪（Robertson-Lang et al.，2011）。谣言在中老年群体中的传播往往受制于谣言本身的信息特征、谣言传播渠道和中老年群体本身等因素，其传播易呈现同质化严重、冒充专家权威、偷换概念、言语夸张等信息特征（吴静等，2019）。有的中老年人缺乏对谣言的鉴别力，对谣言认知模糊，信息因素、身体状况、老旧观念等多重障碍增加了他们轻信谣言并再次传谣的可能性（陶成，2016）。

另一方面，信息茧房（information cocoons）也会影响中老年群体对于谣言的态度和辨谣能力。信息茧房指由于不同个体具有不同的兴趣和受到习惯引导的选择性心理，他们受制于媒介接触而接受固定化选择的信息影响，久而久之像身处蚕茧的茧房中一样（Sunstein，2006）。相较于青年群体，中老年群体在思维上更加固化，长期沉浸在信息茧房当中会影响个人判断能力、接触社会的动力，从而容易进一步催生回音室效应。回音室效应采用了更加客观的角度，指出在相对封闭的网络空间当中，人们所接收的意见相似的信息在不断重复，从而影响人们的判断能力，甚至会因固定封闭的圈子而扭曲信息本身的真实性，给中老年群体辨识信息真假带来更多的困难与障碍（Sunstein，2001）。信息茧房在一定程度上解释了为何中老年群体在谣言识别时存在种种困难，其中一个重要的原因是中老年群体对官方媒体和社交媒体的接触并不能帮助他们更好地识别谣言，他们对信息的接触产生了明显的钝化感知力。有研究发现，现实生活中活跃程度高的老人，即经常跳广场舞或结伴出游的，对微信上传播的虚假健康信息鉴别能力较弱，因为同质化较强的社交圈会带来茧房效应，使知识传播容易内卷化，从而为谣言传播提供温床（庄曦，2019）。

然而，现有文献对于中老年群体谣言传播现象还缺乏系统性和客观性的研究分析。首先，学界对于中老年群体信谣传谣的态度及行为缺少系统性研究，尤其是对于不同媒介如何影响该群体的谣言认知、识别、应对行为的讨论还不充分。关于媒介如何影响公众的认知、态度和行为的讨论，不仅有利于政府及有关部门出台防范中老年群体信谣或被诈骗的政策措施，还有助于增强媒介接触视域在老年群体谣言传播中的适用性。其次，中老年群体由于年龄的增长，对新闻报道与社交媒体中的信息整合、归纳与分析能力会出现迟滞与退化，这种现象的出现是否必然导致中老年群体更加相信谣言？这一问题仍有待进一步分析与商榷。最后，前人在中老年群体的谣言传播的研究过程中缺乏客观的参照对象，在分析中难免带入中老年群体更容易相信谣言的刻板印象，容易放大谣言传播机制中中老年群体的特殊性，而忽略谣言传播机制的共性特征。这并非否认前人所做出的研究贡献，或是指责前人的研究结论是错误或偏颇的，而是表明在探讨谣言传播的内在机制时选取合适的参照对象，可以更好地明晰中老年群体信谣传谣的普遍性与特殊性，对于特殊性的现象提供有针对性的分析与建议。

（四）研究假设

既有理论讨论了中老年群体在数字化时代媒介接触中面临的数字鸿沟和信息茧房带来的困境，揭示出中老年群体在谣言传播中的特征与规律。然而，媒介接触如何影响公众的谣言认知态度、谣言识别能力和谣言应对行为，尤其是对于中老年群体的适用性还有待实证检验。现有研究多聚焦单个群体进行分析比较，青年群体和中老年群体是网络媒体时代谣言研究的重要群体，尚未有研究对中老年群体和青年群体接触不同的媒介对谣言认知态度产生的影响进行系统性比较，因此本文提出如下研究假设。

　　H1a：接触官方媒体频率越高，青年群体越认为其所获取的信息为真相。

　　H1b：接触社交媒体频率越高，青年群体越不认为其所获取的信息为真相。

　　H1c：接触官方媒体频率越高，中老年群体越认为其所获取的信息为真相。

　　H1d：接触社交媒体频率越高，中老年群体越不认为其所获取的信息为真相。

相较于青年群体，中老年群体因年龄的增长，感官、视听方面的退化，以及信息接收与消化敏锐度的下降而产生了系统性媒介接触钝化现象，他们在接触官方媒体和社交媒体发布的消息后，谣言识别能力不一定会得到提高。官方媒体发布的消息一般会经过严格的审核以确保信息的真实性，因而官方媒体发布的消息一般会增强青年群体的谣言识别能力，提升他们分辨信息真假的敏锐度；社交媒体平台中充斥着各种信息，传播速度快、范围广，会降低青年群体的谣言识别能力。而中老年群体因和青年群体之间存在一定的数字鸿沟，同时又因在圈群中形成信息茧房效应，不管是接触官方媒体还是社交媒体信息，都不会对其谣言识别能力产生影响。因此，本文提出如下研究假设。

H2a：青年群体接触官方媒体会提升其谣言识别能力。

H2b：青年群体接触社交媒体会提升其谣言识别能力。

H2c：中老年群体接触官方媒体不影响其谣言识别能力。

H2d：中老年群体接触社交媒体不影响其谣言识别能力。

老年人及部分中年人受限于媒介素养和受教育程度，信息获取渠道较为单一，多依赖于微信群和朋友圈。相较于辨别信息真伪，老年群体更热衷于通过转发各种健康类信息维系和他人的情感互动（王世海，2020）。对于青年群体而言，网络社交媒体的技术特点、网络传播主体的平民性和匿名性加速了网络谣言在青年群体中的传播，在好奇心的驱使下，部分青年期望能够散播不为人知的"内部消息"（于东山，2013）。然而，目前尚未有研究探讨中老年群体和青年群体之间谣言应对行为的异同，因此本文提出如下研究假设。

H3a：接触官方媒体频率越高，青年群体分享信息的意愿越强。

H3b：接触社交媒体频率越高，青年群体分享信息的意愿越强。

H3c：接触官方媒体频率越高，中老年群体分享信息的意愿越强。

H3d：接触社交媒体频率越高，中老年群体分享信息的意愿越强。

三　研究设计

（一）数据来源及研究方法

本文所用数据来源于清华大学数据治理中心"数字技术与公共卫生治

理现代化问卷调查"。该调查开展于 2020 年 2 月 3~10 日，通过新闻媒体平台、微信公众号、微信群以及朋友圈等渠道，共收集了 6046 份问卷。在剔除回答时间过短以及海外样本后，最终得到 5982 份有效问卷。本研究选取全国有代表性的 60 个城市开展问卷调查，这为本文提供了重要的数据支撑（黄种滨、孟天广，2022）。该调查采取非随机抽样方法收集信息数据。考虑到在突发性公共卫生事件初期开展全国性调查的困难及滞后性，该调查为理解突发性公共卫生事件中公众的风险认知、社会态度与应对行为提供了参考依据，仍然具有重要的学术价值。在研究方法上，根据因变量的特征分别使用 OLS 回归和 logistic 回归建立分析模型。本文所使用的计量分析软件为 Stata17.0。

（二）变量与测量

本文的核心自变量为媒介接触，即公众通过何种媒体渠道获取所需信息。该变量来源于问卷中的题目"在突发性公共卫生事件发生时，您获取相关信息的主要渠道是什么"，选项分别有"中央媒体（新华社/央视/《人民日报》/人民网等），地方媒体（地方电视台、地方报纸等），商业媒体（商业网站/商业微信公众号/视频网站/商业报纸等），微信朋友圈、微信群、微博、网络论坛等社交媒体，政府网站、政务微信/微博、政务抖音、政务 APP 等，家人/朋友分享的小道消息，海外网站/媒体（推特、脸书等），基层政府、村居委会的通知/公告"。本文对该组变量采用主成分法及方差最大正交旋转提取公因子，根据公因子的负载情况及聚类特征，将其区分为官方媒体接触和社交媒体接触两种渠道。本文的核心因变量分为三组。谣言认知变量用于测量公众对现实场景中的真实/虚假信息认知[①]，对应"了解实情""央媒真实""地媒真实"；谣言识别变量用于测量公众对谣言信息的识别能力，对应"接触传播""空气传播""宠物传播""致死率"；谣言应对变量用于反映公众面临不确定信息时所采取的

---

① 该组变量来源于题目"我能充分及时地了解突发性公共卫生事件发展的真实情况"、"我认为中央媒体披露的信息是真实情况"和"我认为地方政务新媒体披露的信息是真实情况"，根据认可程度将其分别编码为 1、2、3、4、5。

应对行为①，对应"转发至朋友圈""转发给其他联络人""向相关部门举报""权威平台验证"。表 1 为媒介接触及因子分析情况。

表 1　媒介接触及因子分析情况

	因子负载		
	官方媒体接触	社交媒体接触	单一性
中央媒体（新华社/央视/《人民日报》/人民网等）	0.630	−0.156	0.579
地方媒体（地方电视台、地方报纸等）	0.693	0.120	0.506
商业媒体（商业网站/商业微信公众号/视频网站/商业报纸等）	0.134	0.553	0.676
微信朋友圈、微信群、微博、网络论坛等社交媒体	−0.131	0.669	0.535
政府网站、政务微信/微博、政务抖音、政务 APP 等	0.651	0.032	0.575
家人/朋友分享的小道消息	0.211	0.661	0.518
海外网站/媒体（推特、脸书等）	0.043	0.475	0.773
基层政府、村居委会的通知/公告	0.615	0.196	0.583
公因子比例（%）	22.0	18.7	—

此外，本文还将媒体信任、突发性公共卫生事件相关变量以及社会人口学特征作为控制变量。首先，问卷通过四级李克特量表对公众的媒体信任度进行测量，随后使用主成分法及方差最大正交旋转提取两个公因子，将其分别命名为官方媒体信任和社交媒体信任。其次，突发性公共卫生事件相关变量包括事件关注度、事件了解度和风险感知（防护措施、周围确诊）变量。最后，问卷收集了社会人口学特征。② 表 2 为主要变量的描述性统计结果。

---

① 该组变量来源于题目"针对家庭或朋友微信群里转发的以上信息，您会采取什么行动"，其选项包括"转发至朋友圈、转发给其他联络人、向相关部门举报、利用'较真'等辟谣平台验证信息真伪（以下简称"权威平台验证"）"，本文将采取该行动标记为 1，反之标记为 0。

② 社会人口学特征主要包括性别、中共党员、年龄、受教育年限、自评社会地位、职业、本地人等变量。

表 2   主要变量的描述性统计结果 （N = 5982）

变量名	平均值	方差	最小值	最大值	变量名	平均值	方差	最小值	最大值
核心自变量					控制变量				
官方媒体接触	0	1	−2.172	1.848	官方媒体信任	0	1	−4.130	1.596
社交媒体接触	0	1	−2.003	2.546	社交媒体信任	0	1	−3.228	3.457
核心因变量					事件了解度	4.025	0.655	1	5
谣言认知变量									
了解实情	3.590	0.906	1	5	事件关注度	2.282	0.982	1	5
央媒真实	3.719	0.930	1	5	防护措施	4.576	2.139	0	10
地媒真实	3.368	0.985	1	5	周围确诊	0.175	0.380	0	1
谣言应对变量					年龄	30.850	10.920	15	76
转发至朋友圈	0.078	0.269	0	1	男性	0.404	0.491	0	1
转发给其他联络人	0.154	0.361	0	1	受教育年限	2.295	0.604	1	3
向相关部门举报	0.067	0.251	0	1	流动人口	0.431	0.495	0	1
权威平台验证	0.541	0.498	0	1	中共党员	0.391	0.488	0	1
谣言识别变量					干部	0.135	0.342	0	1
接触传播	0.919	0.273	0	1	专业人员	0.183	0.387	0	1
空气传播	0.341	0.474	0	1	管理人员	0.068	0.252	0	1
宠物传播	0.890	0.314	0	1	普通工人	0.019	0.137	0	1
致死率	0.730	0.444	0	1	自评社会地位	4.626	1.683	1	10

四   研究发现

既有研究在探讨中老年群体的信谣问题时，主要着眼于该群体的同质性分析，缺乏跨年龄群体的纵向比较。同群体分析有利于归纳和识别出中老年群体信谣传谣的模式特征，但是也容易因缺乏客观的参照对象而夸大甚至极端化所得出的结论。比如，不少中老年人的健康谣言传播研究主要聚焦该群体的健康谣言传播的现象及规律，往往会得出中老年群体易信谣传谣的偏颇结论。实际上，青年群体对于健康谣言的鉴别能力不见得强于中老年群体，青年群体受骗于减肥偏方或瘦身药品的新闻屡见不鲜，这也凸显了跨年龄群体的信谣传谣行为模式比较的必要性。因此，本文在探讨中老年群体谣言传播问题的同时，也会将青年群体纳入比较分析中，力求得到更为客观和准确的发现与结论。在分组回归中，笔者根据被调查者的年龄将其分为中老年和青年两个群体，将年龄为 45 岁及以上的被调查者视为中老年人，反之则视为青年。中老年群体所面临的数字鸿沟问题亟须解决，以期共享数字技术带来的红利（金光照等，2024；靳永爱等，2024）。下面，本文将以青年群体为参照对象，探究媒介接触对中老年群体的谣言认知能力、谣言识别能力和谣言应对行为所发挥的作用及所产生的影响。

（一）媒介接触与谣言认知能力

官方媒体接触会显著提升公众对于掌握真实信息的自我评价、官方媒体真实信息的认可度以及谣言整治的支持度，假设 H1a、H1b、H1c 和 H1d 得到验证。媒介接触与谣言认知能力的回归结果见表 3。

一方面，媒介接触显著影响了青年群体对于掌握突发性公共卫生事件真实信息的自我评价，但是在中老年群体中则未发现该机制。将官方媒体作为主要信息来源的青年群体认为自己了解更多事实和真相；相反，将社交媒体作为主要信息来源的青年群体则认为自己更不了解事实和真相。上述结果的差异，可能是由于社交媒体呈现更丰富和多元的信息，部分广为流传的信息中带有主观臆测或夸大的成分，公众接触这些信息后感到震惊甚至恐慌，进而更容易认为自己受到了欺骗或隐瞒。不同的是，官方媒体为公众提供统一的权威信息，公众接触该信息后会减少由不确定性引发的担忧。那么，为何媒体接触未改变中老年群体的了解实情认知？根据本文提出的信息钝化理论和信息茧房效应，我们认为这与中老年群体更愿意相信自己的主观判断有关。

另一方面，中央/地方媒体的信息真实性评价与官方媒体的接触频率呈正相关关系，与社交媒体的接触频率呈负相关关系，中老年群体和青年群体未表现出明显区别。换言之，在接触官方媒体后，公众对官方媒体信息真实性的认可度会得到显著提升，但是接触社交媒体后，公众对官方媒体信息真实性的认可度会下降。这是由于社交媒体的去中心化特性，人们在社交平台上容易获取官方媒体所报道内容未提及的背后故事或观点，被忽略的故事或观点往往让公众产生官方媒体选择性报道的认知，从而降低了公众对官方媒体信息真实性的认可度。相反，若公众将官方媒体作为主要信息来源，人们获取标记为权威来源且前后一致的消息内容后，则更认为官方媒体所公布的信息是真实可靠的。

表3　媒介接触与谣言认知能力的回归结果

	了解实情		央媒真实		地媒真实	
	中老年群体	青年群体	中老年群体	青年群体	中老年群体	青年群体
官方媒体接触	0.0387	0.0396 **	0.1062 ***	0.0394 **	0.0417 **	0.0417 **
	(1.2692)	(2.8746)	(3.8227)	(3.0350)	(3.0645)	(3.0645)
社交媒体接触	−0.0564	−0.0356 **	−0.0627 *	−0.0625 ***	−0.0608 ***	−0.0608 ***
	(−1.8654)	(−2.7928)	(−2.3434)	(−5.2143)	(−4.7062)	(−4.7062)
官方媒体信任	0.2692 ***	0.2694 ***	0.3821 ***	0.4428 ***	0.4282 ***	0.4282 ***
	(8.2497)	(17.8523)	(11.6364)	(32.5917)	(30.0595)	(30.0595)
社交媒体信任	0.0150	0.0126	−0.0679 *	−0.0644 ***	0.0074	0.0074
	(0.4829)	(0.9516)	(−2.3390)	(−5.0242)	(0.5523)	(0.5523)
防护措施	0.0070	0.0202 **	0.0046	0.0082	0.0246 ***	0.0246 ***
	(0.4616)	(3.2252)	(0.3427)	(1.3837)	(3.9063)	(3.9063)
事件了解度	0.1862 ***	0.2595 ***	0.0555	0.0591 **	0.0235	0.0235
	(4.4065)	(13.3467)	(1.4787)	(3.2863)	(1.2160)	(1.2160)
事件关注度	−0.0236	0.0344 **	−0.0192	0.0148	0.0207	0.0207
	(−0.8284)	(2.6259)	(−0.7156)	(1.2171)	(1.5778)	(1.5778)
周围确诊	0.0460	−0.0027	−0.0652	−0.0527	−0.0866 **	−0.0866 **
	(0.5778)	(−0.0807)	(−0.8459)	(−1.6916)	(−2.6369)	(−2.6369)
年龄	−0.0098 *	−0.0034	−0.0133 **	0.0058 **	0.0011	0.0011
	(−2.0962)	(−1.5618)	(−3.0121)	(2.8294)	(0.4687)	(0.4687)
男性	−0.0002	0.0587 *	−0.0028	0.0603 **	−0.0173	−0.0173
	(−0.0032)	(2.3983)	(−0.0508)	(2.5952)	(−0.6990)	(−0.6990)

续表

	了解实情		央媒真实		地媒真实	
	中老年群体	青年群体	中老年群体	青年群体	中老年群体	青年群体
流动人口	−0.0948	0.0165	0.0162	0.0566 *	0.0806 **	0.0806 **
	(−1.5398)	(0.6425)	(0.2734)	(2.3469)	(3.0896)	(3.0896)
受教育年限层级 1	0.0000	0.0000	0.0000	0.0000	0.0000	0.0000
	(.)	(.)	(.)	(.)	(.)	(.)
受教育年限层级 2	−0.2340 *	−0.0924	−0.0155	−0.0828	−0.0838	−0.0838
	(−2.5051)	(−1.7337)	(−0.1641)	(−1.6496)	(−1.5963)	(−1.5963)
受教育年限层级 3	−0.2917 *	−0.1381 *	−0.1049	−0.1492 **	−0.1622 **	−0.1622 **
	(−2.4466)	(−2.3965)	(−0.9173)	(−2.7555)	(−2.8309)	(−2.8309)
自评社会地位	0.0502 **	0.0386 ***	0.0233	0.0071	0.0076	0.0076
	(2.8668)	(4.7921)	(1.4268)	(0.9254)	(0.9380)	(0.9380)
中共党员	−0.0699	−0.0010	0.0755	0.0726 **	0.0594 *	0.0594 *
	(−1.0353)	(−0.0348)	(1.2028)	(2.7825)	(2.0738)	(2.0738)
干部	0.1288	0.0025	−0.0687	−0.0130	0.1005 *	0.1005 *
	(1.3864)	(0.0625)	(−0.8234)	(−0.3427)	(2.4744)	(2.4744)
专业人士	0.1554	−0.1020 **	−0.0427	−0.0268	0.0224	0.0224
	(1.8500)	(−2.5888)	(−0.5372)	(−0.7627)	(0.5719)	(0.5719)
管理人员	−0.0019	0.0163	−0.1564	−0.0194	−0.0924	−0.0924
	(−0.0196)	(0.3171)	(−1.7386)	(−0.3975)	(−1.5897)	(−1.5897)
普通工人	0.2454	−0.0162	0.2300	0.0357	0.1177	0.1177
	(1.7046)	(−0.1509)	(1.4498)	(0.3602)	(1.1301)	(1.1301)
省份固定效应	YES	YES	YES	YES	YES	YES
N	878	5104	878	5104	5104	5104
R^2	0.2636	0.1758	0.4204	0.2930	0.2763	0.2763

注：（1）括号中为标准误；（2）* $p<0.05$，** $p<0.01$，*** $p<0.001$。

（二）媒介接触与谣言识别能力

在谣言识别能力的测量上，本文选取了与公众日常生活紧密相关的病毒传播和危害传言作为客观衡量指标。人们会从自己所偏好的媒体平台上主动或被动地获取相关防护知识，这避免了因不熟悉该领域而随意作答的情况。我们能从被调查者回答题目的正确率情况来判断和检验媒介接触与公众谣言识别能力间的关系。

媒介接触与中老年群体谣言识别能力间未发现显著关联，而社交媒体接触降低了青年群体对于谣言的识别能力，假设 H2c 和 H2d 得到验证。媒介接触与谣言识别能力的回归结果见表 4。在接触传播、空气传播、宠物传播和致死率正确说法的判断中，青年群体接触社交媒体后更容易对传言产生错误认知，而未发现中老年群体与社交媒体间存在类似的关系。去中心化的社交媒体平台充斥着大体量、多来源的信息，公众特别是青年群体对于这些信息缺乏足够的判断力，容易受到片面或夸大信息的影响，进而降低了其对病毒传播渠道及其作用的谣言信息判断能力；相反，中老年人由于数字鸿沟或信息茧房等原因，对于媒体所传递的信息处理能力较弱。接触官方媒体和社交媒体信息后，他们对于相关信息的判断能力未发生显著变化。本文将其归结为"信息钝化"现象，即中老年群体由于数字技能水平或信息茧房因素，从媒体平台中所获取的信息未能转化为其识别谣言的能力。

（三）媒介接触与谣言应对行为

媒介接触会对公众的谣言应对行为产生异质性影响，假设 H3a、H3b、H3d 得到验证。以社交媒体为主要信息渠道的公众，更愿意将疑似传言转发至朋友圈或转发给其他联络人；而以官方媒体为主要信息渠道的青年群体，更愿意向相关部门举报和去权威平台验证。媒介接触与谣言应对行为的回归结果见表 5。结果显示，不论是中老年群体还是青年群体，接触更多社交媒体平台的信息后，皆更愿意将不确定的消息转发至朋友圈或转发给其他联络人。这是由于接触社交媒体多元信息后，公众更容易认为自己所接触的信息是被隐瞒的，转而选择相信广为流传的消息是真实的，因而会将其转发分享至身边人。与以往认知不同，这种现象也存在于青年群体中。

表 4 媒介接触与谣言识别能力的回归结果

	接触传播		空气传播		宠物传播		致死率	
	中老年群体	青年群体	中老年群体	青年群体	中老年群体	青年群体	中老年群体	青年群体
官方媒体接触	-0.0028	0.0076	-0.0007	-0.0104	0.0248	-0.0255	-0.0039	-0.0128
	(-0.3657)	(1.7388)	(-0.0384)	(-1.4165)	(0.6381)	(-1.5697)	(-0.2444)	(-1.8572)
社交媒体接触	0.0025	-0.0006	-0.0250	-0.0184**	-0.0740	-0.0633***	-0.0259	-0.0152*
	(0.3047)	(-0.1507)	(-1.3780)	(-2.6034)	(-1.8615)	(-4.0963)	(-1.5178)	(-2.3327)
官方媒体信任	0.0025	-0.0039	-0.0131	-0.0036	-0.0530	-0.0201	0.0029	-0.0093
	(0.2861)	(-0.9182)	(-0.7269)	(-0.4802)	(-1.3509)	(-1.1804)	(0.1693)	(-1.3153)
社交媒体信任	0.0008	0.0083*	-0.0138	-0.0252***	0.0011	-0.1030***	-0.0359*	-0.0336***
	(0.0963)	(2.0317)	(-0.8248)	(-3.7055)	(0.0266)	(-6.2040)	(-2.2252)	(-5.0715)
防护措施	-0.0072	0.0063**	0.0008	-0.0038	0.0032	0.0051	0.0019	-0.0064*
	(-1.6656)	(3.1267)	(0.0893)	(-1.1297)	(0.1559)	(0.6730)	(0.2191)	(-1.9667)
事件了解度	0.0231	0.0151*	-0.0122	0.0268*	-0.0914	0.1094***	0.0272	0.0554***
	(1.8873)	(2.3631)	(-0.5000)	(2.5435)	(-1.7630)	(4.6985)	(1.1865)	(5.5434)
事件关注度	0.0026	0.0088*	-0.0053	0.0033	-0.0046	0.0235	-0.0130	-0.0020
	(0.3638)	(2.2695)	(-0.3237)	(0.4686)	(-0.1256)	(1.4725)	(-0.8488)	(-0.2978)
周围确诊	-0.0112	0.0057	-0.0065	0.0209	0.1144	0.0438	-0.0044	0.0303
	(-0.4653)	(0.5552)	(-0.1285)	(1.1706)	(1.0966)	(1.1228)	(-0.0954)	(1.9495)

续表

	接触传播		空气传播		宠物传播		致死率	
	中老年群体	青年群体	中老年群体	青年群体	中老年群体	青年群体	中老年群体	青年群体
年龄	-0.0027	0.0047***	0.0024	0.0018	-0.0048	-0.0192***	0.0036	-0.0065***
	(-1.4136)	(7.0554)	(0.7807)	(1.4975)	(-0.7043)	(-6.8018)	(1.3353)	(-5.4025)
男性	0.0181	0.0101	-0.0298	0.0409**	-0.0075	-0.2302***	0.0445	0.0199
	(1.2204)	(1.2568)	(-0.8415)	(2.9399)	(-0.1002)	(-7.6713)	(1.3996)	(1.5969)
流动人口	0.0008	-0.0044	0.0518	-0.0133	0.0157	-0.0094	0.0335	-0.0315*
	(0.0455)	(-0.5230)	(1.3480)	(-0.9080)	(0.1938)	(-0.3064)	(0.9762)	(-2.3513)
受教育年限层级1	0.0000	0.0000	0.0000	0.0000	0.0000	0.0000	0.0000	0.0000
	(.)	(.)	(.)	(.)	(.)	(.)	(.)	(.)
受教育年限层级2	0.0436	0.0230	0.0155	0.0377	-0.0318	0.2437***	0.1203*	0.0996***
	(1.5611)	(1.2115)	(0.2634)	(1.4218)	(-0.2354)	(3.7793)	(2.0603)	(3.7373)
受教育年限层级3	0.0383	0.0236	0.1576*	0.0528	0.0304	0.3407***	0.2549***	0.1610***
	(1.1055)	(1.1785)	(2.2049)	(1.8015)	(0.1908)	(4.9280)	(3.7360)	(5.6447)
自评社会地位	-0.0030	-0.0014	0.0100	0.0065	0.0699**	0.0209*	0.0120	0.0108**
	(-0.6873)	(-0.5931)	(0.9826)	(1.5716)	(3.1551)	(2.2476)	(1.2013)	(2.7448)
中共党员	0.0091	-0.0069	-0.0492	0.0046	0.0608	-0.0471	-0.0005	0.0183
	(0.5829)	(-0.7608)	(-1.2413)	(0.2858)	(0.7296)	(-1.3741)	(-0.0151)	(1.2881)

续表

	接触传播		空气传播		宠物传播		致死率	
	中老年群体	青年群体	中老年群体	青年群体	中老年群体	青年群体	中老年群体	青年群体
干部	-0.0554*	0.0036	0.0366	-0.0061	-0.0312	-0.0548	0.0524	0.0202
	(-1.9755)	(0.2767)	(0.6010)	(-0.2603)	(-0.2340)	(-1.0823)	(0.9235)	(0.9456)
专业人士	0.0049	0.0147	-0.0418	0.0342	0.0145	0.0144	0.0866	0.0178
	(0.2237)	(1.4166)	(-0.8193)	(1.5303)	(0.1238)	(0.3066)	(1.8638)	(0.8873)
管理人员	-0.0187	0.0116	-0.0240	-0.0408	0.0767	-0.0254	0.0682	-0.0013
	(-0.7511)	(0.7817)	(-0.4139)	(-1.3450)	(0.5893)	(-0.3552)	(1.2377)	(-0.0471)
普通工人	0.0206	-0.0232	-0.0782	-0.0430	-0.0878	0.0642	-0.0261	-0.0980
	(0.6753)	(-0.6874)	(-0.9536)	(-0.7996)	(-0.3909)	(0.4688)	(-0.2942)	(-1.6535)
省份固定效应	YES	YES	YES	YES	YES	YES	YES	YES
N	878	5104	878	5104	878	5104	878	5104
R^2	0.0949	0.0298	0.0451	0.0256	0.0747	0.0675	0.1382	0.0686

注：（1）括号中为标准误；（2）$*\ p<0.05$，$**\ p<0.01$，$***\ p<0.001$。

表 5　媒介接触与谣言应对行为的回归结果

	转发至朋友圈		转发给其他联络人		向相关部门举报		权威平台验证	
	中老年群体	青年群体	中老年群体	青年群体	中老年群体	青年群体	中老年群体	青年群体
官方媒体接触	0.0045 (0.3872)	0.0058 (1.3317)	-0.0251 (-1.6446)	0.0093 (1.6503)	0.0109 (1.5342)	0.0182*** (4.3733)	0.0285 (1.7616)	0.0416*** (5.5328)
社交媒体接触	0.0289** (2.6312)	0.0249*** (6.2756)	0.0594*** (4.1017)	0.0423*** (8.4859)	0.0071 (0.9585)	-0.0021 (-0.4656)	-0.0074 (-0.4179)	0.0010 (0.1375)
官方媒体信任	-0.0165 (-1.2402)	-0.0077 (-1.6853)	-0.0042 (-0.2801)	-0.0246*** (-4.1206)	-0.0077 (-1.1463)	0.0049 (1.1674)	-0.0239 (-1.4050)	-0.0023 (-0.2960)
社交媒体信任	0.0307** (2.8370)	0.0302*** (6.5891)	0.0356* (2.5437)	0.0500*** (9.3199)	-0.0059 (-0.7539)	-0.0111* (-2.4896)	0.0147 (0.8974)	-0.0118 (-1.6558)
防护措施	0.0012 (0.2088)	0.0072** (3.1810)	0.0063 (0.8567)	0.0079** (2.9987)	0.0073 (1.8793)	0.0091*** (4.3678)	0.0403*** (4.9035)	0.0092** (2.6274)
事件了解度	-0.0228 (-1.3566)	-0.0088 (-1.3641)	-0.0228 (-1.1315)	-0.0275*** (-3.3446)	-0.0109 (-1.2299)	0.0163** (2.9677)	0.0241 (1.1019)	0.0683*** (6.4184)
事件关注度	0.0225* (2.0271)	0.0077 (1.8084)	0.0217 (1.6588)	0.0179** (3.2444)	0.0156* (2.5642)	0.0055 (1.4000)	0.0352* (2.3051)	0.0246*** (3.3168)
周围确诊	-0.0334 (-1.2530)	-0.0033 (-0.3230)	0.0149 (0.3707)	0.0169 (1.2290)	-0.0146 (-1.1402)	0.0077 (0.7644)	0.0177 (0.3706)	0.0287 (1.6199)

续表

	转发至朋友圈		转发给其他联络人		向相关部门举报		权威平台验证	
	中老年群体	青年群体	中老年群体	青年群体	中老年群体	青年群体	中老年群体	青年群体
年龄	0.0019	0.0027***	0.0057*	0.0037***	0.0000	-0.0023***	-0.0051	-0.0133***
	(0.9413)	(3.5538)	(2.3300)	(3.8424)	(0.0433)	(-3.3138)	(-1.9451)	(-10.4572)
男性	0.0141	0.0237**	-0.0082	-0.0048	-0.0020	0.0242**	0.0144	-0.0291*
	(0.6471)	(3.0070)	(-0.2933)	(-0.4815)	(-0.1504)	(3.0539)	(0.4262)	(-2.0734)
流动人口	-0.0192	0.0020	-0.0205	-0.0005	0.0167	0.0082	-0.0334	-0.0037
	(-0.7765)	(0.2623)	(-0.6633)	(-0.0427)	(1.4874)	(1.0241)	(-0.9303)	(-0.2504)
受教育年限层级 1	0.0000	0.0000	0.0000	0.0000	0.0000	0.0000	0.0000	0.0000
	(.)	(.)	(.)	(.)	(.)	(.)	(.)	(.)
受教育年限层级 2	-0.0390	-0.0385*	0.0289	-0.0122	-0.0209	-0.0508**	-0.0671	0.0459
	(-1.0332)	(-2.3383)	(0.6596)	(-0.6268)	(-0.9462)	(-2.6156)	(-1.2375)	(1.6077)
受教育年限层级 3	-0.0434	-0.0361*	0.0090	0.0075	-0.0130	-0.0466*	-0.0516	0.0525
	(-0.9872)	(-2.0415)	(0.1634)	(0.3485)	(-0.5037)	(-2.2825)	(-0.7570)	(1.6830)
自评社会地位	-0.0058	0.0050*	0.0007	0.0006	0.0032	-0.0014	-0.0025	0.0066
	(-0.8567)	(2.0716)	(0.0850)	(0.1995)	(0.7313)	(-0.5437)	(-0.2703)	(1.5665)
中共党员	-0.0003	-0.0233**	-0.0319	-0.0022	0.0004	-0.0080	-0.0324	-0.0268
	(-0.0129)	(-2.6318)	(-1.0168)	(-0.1836)	(0.0319)	(-0.9477)	(-0.8680)	(-1.6599)

续表

	转发至朋友圈		转发给其他联络人		向相关部门举报		权威平台验证	
	中老年群体	青年群体	中老年群体	青年群体	中老年群体	青年群体	中老年群体	青年群体
干部	-0.0196	-0.0251*	0.0446	-0.0551***	-0.0292	-0.0270*	-0.0117	-0.0546*
	(-0.5896)	(-2.1295)	(0.9584)	(-3.4439)	(-1.4816)	(-2.2857)	(-0.2066)	(-2.2624)
专业人士	-0.0040	-0.0056	0.0380	-0.0299	-0.0201	0.0018	-0.0214	-0.0407
	(-0.1265)	(-0.4287)	(0.9558)	(-1.8140)	(-1.3156)	(0.1613)	(-0.4407)	(-1.8066)
管理人员	0.0019	0.0047	0.0492	0.0182	0.0154	-0.0104	0.0397	0.0575
	(0.0522)	(0.2406)	(1.0845)	(0.6938)	(0.6709)	(-0.6693)	(0.6889)	(1.7787)
普通工人	-0.0587	-0.0083	0.1136	-0.0326	0.0617	-0.0005	0.0193	-0.0075
	(-1.2205)	(-0.2405)	(1.5728)	(-0.8065)	(1.3417)	(-0.0138)	(0.2376)	(-0.1247)
省份固定效应	YES	YES	YES	YES	YES	YES	YES	YES
N	878	5104	878	5104	878	5104	878	5104
R^2	0.0987	0.0551	0.1003	0.0770	0.1102	0.0337	0.0876	0.0818

注：(1) 括号中为标准误；(2) * $p<0.05$，** $p<0.01$，*** $p<0.001$。

以官方媒体为主要信息渠道的青年群体，会对微信群所流传的信息进行举报或验证，而在中老年群体中未发现该行为。官方媒体接触未对中老年群体寻求权威平台验证的行为产生影响，从侧面说明了媒介接触对中老年群体的影响作用有限。由于数字鸿沟及信息茧房现象的存在，中老年群体缺乏一定的数字技术使用能力，并且由于识别谣言等虚假信息的敏锐度下降，中老年群体在接触官方媒体信息后不会采取举报或验证的方式来核对信息的真实性，这也从侧面说明了中老年群体和青年群体的谣言应对行为存在较大差异。

上述结果表明，公众以官方媒体或社交媒体为主要信息渠道，会对接触信息的真实性形成差异化的认知判断，并对疑似谣言信息采取不同的应对行为。本文更关切的是，在接触不同媒体平台的信息后，公众对谣言的识别能力是否会发生变化，以及这种变化在青年群体和中老年群体间是否有区别？

五　讨论与结论

本文利用清华大学数据治理中心基于特定突发性公共卫生事件收集的5982 份全国性调查问卷，通过将中老年群体和青年群体进行系统性比较，结合客观测量指标，深入探讨媒介接触如何影响中老年群体的谣言认知能力、谣言识别能力及谣言应对行为。研究结果如下。在谣言认知能力上，媒介接触显著影响了青年群体对其掌握突发性公共卫生事件真实信息的自我评价，他们认为自己了解更多事实和真相；以官方媒体为主要信息来源的中老年群体，更支持政府加强谣言整治的做法，而接触更多社交媒体信息的公众则反对该观点。在谣言识别能力上，中老年群体接触媒介信息后谣言识别能力未发生显著改变，但是青年群体接触社交媒体后谣言识别能力下降了。在谣言应对行为上，不论是中老年群体还是青年群体，接触更多社交媒体平台的信息后，皆更愿意和他人分享不确定的消息。以官方媒体为主要信息渠道的青年群体，会对微信群所流传的信息进行举报或验证，而在中老群体中则未发现该行为。

研究结果表明，媒介接触对中老年群体谣言识别能力的提升缺乏足够的解释力。本文提出了"信息钝化"理论，尝试解释媒介接触与中老年群体谣言识别能力之间的关系，并阐释了此种现象：中老年群体囿于数字鸿沟与信息茧房效应，并受制于自身受教育年限、逐渐退化的信息处理能力与认知水平、所处人际关系网等因素，谣言识别能力提升面临种种挑战。相较于青年群体，中老年群体在思维上更加固化，长期受信息茧房所困会影响个人判断能力、接触社会的动力，从而进一步催生回音室效应。本研究发现，通过媒介信息干预中老年群体是存在限度的，中老年群体在接触信息时会出现一定的钝化和脱敏现象，即使接触了官方媒体和社交媒体所报道的防护知识，他们对谣言的识别能力也未能得到提升。本文一方面印证了先前研究的观点（董杜斌，2017），即青年群体是社交媒体平台传播谣言的主力军；另一方面还为此结论提供了先前研究没有提供的阐述机制，即青年群体对社交媒体的接触使其自我感觉良好，认为自己知道更多的事实和真相，因而更容易转发、散播自己认为是"真相"的谣言。中老年群体更加依赖官方媒体报道，较少接触来自社交媒体平台的多元化信源，这也容易进一步加剧信息茧房效应，同时也再次印证了与青年群体之间存在的数字鸿沟让中老年群体更加难以准确辨识信息真伪（吴静等，2019）。对谣言应对行为而言，本研究发现，中老年群体和青年群体存在不同的信息验证和举报行为。在接触官方媒体后，青年群体对社交媒体中传播的信息更为谨慎且更倾向于主动验证信息真伪性，而中老年群体在信息真伪性验证中较为被动。我们的实证结果也验证了公众在社交媒体上分享信息的意愿更为强烈，因而谣言更容易在社交媒体上广泛传播。

我们应积极利用新闻媒体的功能与新闻范式来帮助中老年群体摆脱数字鸿沟带来的困境，在信息真实和辟谣方面发挥更显著的作用。在政府层面，一方面应加强对网络谣言传播的监控和治理，招募特定的辟谣专业人员及时识别并标注出在网络社交媒体上流传的谣言，阻隔谣言在互联网上的大范围传播，降低网络谣言产生的社会影响力；另一方面应提升信息发布的透明度，尤其需要关注中老年群体的信息获取需求，对突发性公共卫生事件中公众的质疑进行及时回应和反馈，不让谣言乘虚而入。除此之外，主流媒体还可以在符合中老年群体媒介获取习惯的平台上推出相关的辟谣栏目，进行每日辟谣，并邀请专家教授中老年群体如何有效地识别谣言，从而为缺乏社会资源的中老年群体提供更加丰富多元的信息源。在社会层面，相关企业应积极提供针对中老年群体的人性化的辟谣软件，给予他们更多的关怀和帮助，不应让数字技术成为中老年群体生活中的障碍。在家庭层面，青年群体应发挥积极作用，尤其是中老年群体的家人和朋友应积极对其进行"数字反哺"，一方面加强自身对谣言的警惕性与识别能力，另一方面帮助中老年群体提升辨识信息的敏锐度，从而实现与社会中其他成员更好的联结。作为社会中的重要群体，中老年群体应享受数字媒体时代带来的红利，而非成为数字媒体时代的"孤岛"。

参考文献

奥尔波特，2003，《谣言心理学》，刘水平、梁元元、黄鹂译，沈阳：辽宁教育出版社。

陈虹、沈申奕，2011，《新媒体环境下突发事件中谣言的传播规律和应对策略》，《华东师范大学学报》（哲学社会科学版）第 3 期，第 83~91、154 页。

董杜斌，2017，《"网络谣言"在青年中的传播机制与应对策略》，《教育评论》第 7 期，第 91~94 页。

郭琪、刘志欣，2021，《疫情时期谣言传播的锐化趋势及其识别研究》，《新闻知识》第 8 期，第 47~53 页。

黄毅峰，2021，《公共危机中的谣言：认知判断、功能分析与治理路径》，《东方论坛》第 5 期，第 16~25 页。

黄种滨、孟天广，2022，《突发公共危机中的政府信息公开与危机应对》，《电子政务》第 6 期，第 63~74 页。

贾哲敏、孟天广，2020，《信息为轴：新冠病毒疫情期间的媒介使用、信息需求及媒介信任度》，《电子政务》第 5 期，第 14 页。

金光照、包晓旭、陈宓，2024，《中老年群体数字技能掌握层次对生活满意度的影响与作用机制》，《中国卫生政策研究》第 10 期，第 23~30 页。

靳永爱、胡文波、冯阳，2024，《数字时代的互联网使用与中老年人生活——中国老年群体数字鸿沟与数字融入调查主要数据结果分析》，《人口研究》第 1 期，第 40~55 页。

刘鸣筝、孔泽鸣，2017，《媒介素养视阈下公众谣言辨别能力及其影响因素的实证研究》，《新闻大学》第 4 期，第 102~109、151 页。

马丽、郭烨，2020，《后喻时代中老年群体对微信谣言接触情况的调查研究》，《科技传播》第 21 期，第 152~154 页。

施爱东，2016，《网络谣言的语法》，《民族艺术》第 5 期。

石慧敏、王瑞，2010，《心理效应对公众认知的影响——以谣言传播为例》，《青年记者》第 32 期，第 18~19 页。

苏宏元、黄晓曦，2018，《突发事件中网络谣言的传播机制——基于清晰集定性比较分析》，《当代传播》第 1 期。

陶成，2016，《"量身"服务助力老年读者识别社交平台谣言》，《当代图书馆》第 4 期。

王灿发、邵全红，2020，《重大突发卫生疫情谣言的多维认知与治理——以新冠肺炎疫情期间的谣言为例》，《新闻爱好者》第 5 期，第 14~16 页。

王国华、吴丹、王戈、闵晨、魏程瑞，2016，《框架理论视域下的虚假新闻传播研究——基于"上海女孩逃离江西农村"事件的内容分析》，《情报杂志》第 6 期，第 9 页。

王辉、金兼斌，2019，《媒介接触与主观幸福感——以政治信任为中介变量的实证研究》，《新闻大学》第 7 期，第 1~15 页。

王世海，2022，《社交媒体健康谣言特征与主要易感人群关联性研究》，《记者摇篮》第 4 期，第 24~26 页。

吴静、孙媛、李华博，2019，《谣言在老年易感群体中的传播研究：信息、渠道与受众》，《青岛科技大学学报》（社会科学版）第 3 期，第 81~87 页。

薛可、余来辉、余明阳，2017，《媒介接触对政府信任的影响：基于中国网民群体的检验》，《现代传播》（中国传媒大学学报）第 4 期，第 131~136 页。

杨宏，2020，《新冠肺炎疫情网络谣言下的素养代沟研究——基于 140 个大学生家庭的亲子配对问卷调查》，《东南传播》第 8 期，第 116~121 页。

于东山，2013，《网络谣言在青年中的传播机制及规避策略》，《中国青年研究》第 11 期，第 87~91 页。

喻国明、何其聪、吴文汐，2017，《传播学研究范式的创新：以媒介接触与使用的研究为例——用户媒介接触与使用的研究范式及学术框架》，《新闻大学》第 1 期，第 85~95 页。

袁会、谢耘耕，2015，《公共事件网络谣言的造谣者研究——基于影响较大的 118 条公共事件网络谣言的内容分析》，《新闻记者》第 5 期。

曾祥敏、张子璇，2020，《场域重构与主流再塑：疫情中的用户媒介信息接触、认知与传播》，《现代传播》（中国传媒大学学报）第 5 期，第 65~74、83 页。

张志安、束开荣、何凌南，2016，《微信谣言的主题与特征》，《新闻与写作》第 1 期。

周亚琼，2016，《移动舆论场中网络谣言传播的认知与思考》，《青年记者》第 25 期，第 56~57 页。

庄曦，2019，《城市老年群体微信健康信息的接触与鉴别研究》，《南京师大学报》（社会科学版）第 6 期。

Bridgman, A., Merkley, E., Loewen, P. J., Owen, T., Ruths, D., Teichmann, L., & Zhilin, O. 2020. "The Causes and Consequences of COVID - 19 Misperceptions: Understanding the Role of News and Social Media." *Harvard Kennedy School Misinformation Review* 1 (3).

Jaeger, M. E., Anthony, S., & Rosnow, R. L. 1980. "Who Hears What from Whom and with What Effect: A Study of Rumor." *Personality and Social Psychology Bulletin* 6 (3).

Knapp, R. H. 1944. "A Psychology of Rumor." *Public Opinion Quarterly* 8 (1).

Rimmer, T. & Weaver, D. 1987. "Different Questions, Different Answers? Media Use and Media Credibility. *Journalism Quarterly* 64 (1): 28-44.

Robertson-Lang, L., Major, S. & Hemming, H. 2011. "An Exploration of Search Patterns and Credibility Issues among Older Adults Seeking Online Health Information", *Canadian Journal on Aging/La Revue canadienne du vieillissement* 30 (4).

Sunstein, C. R. 2001. *Echo Chambers: Bush v. Gore, Impeachment, and Beyond.* Princeton, NJ: Princeton University Press.

Sunstein, C. R. 2006. *Infotopia: How Many Minds Produce Knowledge.* New York: Oxford University Press.

Van Dijk, J. & Hacker, K. 2003. "The Digital Divide as a Complex and Dynamic Phenomenon", *The Information Society* 19 (4): 315-326.

Social Policy Review

Issue 8

May 2025

Table of Contents & Abstracts

Abstract: More than half a century ago, in his masterpiece work "Sociological Imagination," Wright Mills seriously criticized the once dominant macrosociology for neglecting the use of history and focusing too much on grand narratives. In recent years, Chinese academic circles of sociology apparently have paid more attentions to the historical turn or historical dimension of sociology. But, how can the researchers understand the historical elements in the process of social policy and meanwhile acknowledge the significance of temporality to the process of social policy still remains as an open question. Starting from the concept of "historicity" proposed by French sociologist Alain Turaine and combining with the discussion on the concept of "temporality" by American sociologist Andrew Abbott, in this paper the author attempts to expound: First, as an intervention activity to solve social problems, the focal point of social policy is a political activity based on people's livelihood, and its essence is government as the main actor in the domain of social problem interventions; Second, in the social policy process, the "historicity" contained in this process is the state and ability of action aiming to exert the initiatives under the changing social context. While "temporality" is an attached attribute of the policy process, it is a core element for establishing the actor and structure, and it lays the foundation for social politics and its development trajectory in time; Third, from the dimension of historicity-temporality, to explore the traditions and changes of China's social policy, the development of social policy in the past forty years or so has demonstrated stability and variability of policy intervention as a historical regime of national practice.

Keywords: Social Policy; Historicity; Temporality; Historical Sociology

Issues and Challenges of Digital Transformation in Korea's Social Security

NO Dae Myung / 33

Abstract: New digital technologies are rapidly transforming many aspects of our society, and digital transformation (DT) is no longer an option. Digital technology, and AI in particular, will be the engine of economic growth has gained momentum; on the other hand, the risks that digital technologies are being abused and its potential outcomes could be disastrous for humanity are becoming increasingly significant, therefore, it is necessary to engage in more discussions on how to use digital and AI technologies for the benefit of humans, and the digital transformation in the public sector is particularly important. In this article, we will explore the problems, possibilities, and issues raised by digital technologies, focusing on the case of Digital Transformation of Social Security in Korea. In particular, I would like to focus on the following two topics: 1) Is digital technology undermining the foundation of traditional social insurance? This article will emphasize that while digital technologies are creating new economic and social risks, they are also providing clues to solve them, and that DT is a process of exploring alternative ways to overcome these risks. 2) How has the Korean government tackled this issue, and what challenges does it face? Will it choose to use DT to revolutionize the existing social security paradigm, or will it choose to pursue efficiency and dismantle the solidarity principle of social security? This is the topic we will explore here.

Keywords: Digital Transformation; Korea's Social Security; Risk in Efficiency Improvement; Solidarity Principle

Korean Digital Platform Cases and Challenges for Improving Information Accessibility

CHOI Jung Eun / 69

Abstract: The rapid advancement of informatization worldwide has received positive evaluations, but the issue of information inequality has also emerged as a significant concern. In the welfare sector, countries are providing various welfare systems to address new social risks; however, users often find it challenging to familiarize themselves with and utilize all available welfare information. Due to varying levels of digital literacy, some individuals effectively utilize the new digital environment, while there is an increasing number of marginalized groups who are excluded from welfare information. In response to these issues, Korea has introduced the "Welfare Membership" service. This service aims to ensure that individuals and households do not miss out on welfare services by providing proactive guidance on necessary benefits and services based on income, assets, and personal characteristics throughout their life cycle. Launched in September 2021, this service plans to expand to the entire population. Despite the positive role of digital platforms, the Korean case highlights the need for further improvements regarding the difficulties individuals may face in actually utilizing welfare resources. Therefore, to enhance the information capabilities of individuals, it is essential to propose a comprehensive information linkage system, an active administrative framework, and initiatives for awareness improvement for digital platforms like Welfare Membership.

Keywords: Information Inequality; Welfare Membership System; Digital Platforms; Information Capabilities

Social Security Digital Transformation in Japan: Enhancing Accessibility and Personalized Support through Service Design and Data-driven Profiling　　　　　　　　YOKOYAMA Hokuto / 91

Abstract: The coverage rate of Japan's living security system is relatively low, and the current social security system has problems such as scattered information, complexity, and departmental segmentation structure, which limits the accessibility of welfare distribution. This study focuses on service design and data-driven profiling analysis, exploring the digital transformation potential of Japan's social security system welfare payments. Research has found that adopting service design methods can re-examine and optimize system design from the perspective of users; and that data-driven profiling analysis has enhanced the possibility and feasibility of personalized support and preventive intervention. The study suggests that integrating service design and data analysis methods into digital transformation can help build a comprehensive and efficient social security system and welfare distribution process. On the other hand, Japan needs to pay special attention to addressing issues such as digital divide, privacy protection, and administrative fragmentation when promoting these measures. Based on this, this study proposes the following specific suggestions: (1) Expand the functionality of "Mynaportal Website"; (2) Building a data sharing platform and promoting AI applications; (3) Build a hybrid support system that combines digital and traditional service channels.

Keywords: Service Design; Data-driven Profiling Analysis; Digital Transformation of Welfare Payment; Hybrid Support System

Actor-Network Analysis of Digital Rural Governance: A Case Study of "Community Communication" Platform in Baoshan District　　　　　ZHAO Deyu & LV Yaxin / 116

Abstract: The constructive process within Actor-Network Theory (ANT) aligns with the practical situation of "Internet +" or digital rural governance. The essence of ANT lies in the principle that both human and non-human factors are equally important within a social system or network. Actors in traditional social networks connect the market, farmers, and the government, and their own capital and information resources play an indispensable role in the foundation of rural governance. The social capital and informational resources of actors serve as a bridge connecting villagers with other organizations. Meanwhile, as the key nodes in the actor-network of rural governance, "translation" provides a way for each actor to accept and achieve their respective objectives.

Keywords: Internet +; Rural Governance; Community Communication; Network Analysis

Analysis of Research Hotspots and Overall Trends in Smart Elderly Care

WANG Jing & LIU Zheng / 136

Abstract: This paper systematically analyses the current landscape, research hotspots, and evolving trends in the field of smart elderly care through dynamic analysis using CiteSpace software. From a longitudinal perspective, the development of smart elderly care can be delineated into three distinct phases: the conceptual enlightenment period, the model exploration period, and the digital adaptation period. Since 2019, academic attention has increasingly shifted toward the issue of the digital divide and its interaction with traditional stratified institutional structures. From a horizontal perspective, the existing body of literature has evolved into five major thematic domains: public systems, social systems, family systems, smart elderly care technologies, and the elderly as active agents. These domains are systematically interlinked, with elderly individuals situated at the core of the smart elderly care service ecosystem. In contrast to traditional elderly care models, smart elderly care technologies—serving both as mediums of interaction and as technological tools—can either empower older adults by enhancing their autonomy and capacity for informed decision-making, or conversely, impose restrictive forms of control that diminish autonomy and erode their sense of self-efficacy. The ultimate effect is contingent upon the value orientation embedded within the broader institutional framework of the elderly care service system. From a governance perspective, the public system plays a pivotal role in providing normative direction and regulatory guidance. It facilitates the integration of social systems, family systems, and smart elderly care technologies, with an emphasis on centring the autonomy and needs of older adults. Through this approach, the overarching goal is to enhance the service capacity and responsiveness of the entire elderly care ecosystem, with important implications for both policy and practice.

Keywords: Smart Elderly Care; Digital Technologie; Social System; Older Adults Autonomy

Bridging the Digital Divide: Media Exposure and Rumor Propagation among the Middle-Aged and Elderly Population

LU Fangzhu, HUANG Zhongbin & YANG Shihua / 163

Abstract: From the perspective of media exposure theory, this study explores how media exposure affects the rumor cognition, recognition, and coping ability among the middle-aged and elderly population based on 5, 982 nationwide online questionnaires. We find that official media exposure enhances news truthfulness evaluation among the middle-aged and elderly population, but there is no significant impact upon their rumor recognition. While social media exposure contributes to the increase of their rumor sharing willingness. Overall, the middle-aged and elderly shows a certain "information insensitivity", i. e. even when exposed to health prevention and control knowledge reported by official media and social media, they failed to improve their rumor recognition ability. Therefore, we should take more targeted measures to help middle-aged and elderly people overcome the difficulties caused by the digital and knowledge divides.

Keywords: Media Exposure; Rumor Dissemination; Middle-aged and Elderly People; Digital Divide

征稿启事

　　《社会政策评论》于 2007 年创刊，截至 2024 年共出版 7 辑。从 2025 年起改为半年刊，并将陆续出版第 8 辑和第 9 辑。自创刊起，《社会政策评论》在选题和稿件选用上坚持原创、专题、前沿和国际视野的原则。在新的一期中，我们将继续坚持该原则，并对常设栏目进行拓展扩容，围绕中国式现代化与中国社会政策的理论实践探索主题进行征稿，诚邀海内外学者和相关领域研究生共同参与。

一　征稿主题（包括但不限于）：

对习近平总书记重要讲话的阐释、解读

　　• 习近平新时代中国特色社会主义思想中关于社会政策、社会福利、民生保障、社会建设的内容阐释、解读和实践分析

中国式现代化与社会政策理论建构

　　• 社会发展阶段与社会政策演变

　　• 中国式社会政策现代化理论建设，高质量发展与提升人民生活品质理论，社会政策框架建设

乡村振兴与社会政策

　　• 乡村建设

　　• 乡村振兴

　　• 农村社会政策

地域社会政策

　　• 地理、文化、经济等空间要素对社会政策发展的影响

- 不同层级政府（省、市、县、乡镇）的政策差异与互动机制等

就业政策与经济发展

- 平台经济背景下的就业特征、服务模式与社会保障
- 数字时代经济政策与社会政策的关系

家庭与育儿政策

- 人口流动、个体化背景下家庭性别分工与变迁
- 育儿政策面向及其实践
- 社会服务与家务劳动话语变迁

老龄社会治理与社会政策

- 涉老政策体系研究
- 老龄化社会政策社会服务转型

基本公共服务与生活品质

- 医疗、教育、养老、法律援助等公共服务的相关政策与实践过程
- 生活型社会政策研究

社会服务体系现代化

- 社会服务体制机制改革与中国式现代化进展

社会救助与保障体系

- 最低生活保障、特困救助、相对贫困、基本收入等社会救助实践与保障体系理论创新

科技与社会政策

- 科技创新与社会发展新面向、新风险
- 智能社会背景下社会政策与服务模式创新

生态与社会

- 气候、环境变化与风险应对
- 生态发展与社会政策推进
- 生态补偿与基本保障体系建设

其他

- 以上未提及与中国式现代化社会政策相关的研究内容

二 格式要求

本集刊接收社会政策领域和其他相关领域的中文学术论文、研究报告、书评、对谈、专访等，不采纳已经公开发表的文章。

投稿文章应包括中英文题目、中英文作者信息，中英文摘要和关键词，正文和参考文献。文献引用使用作者-年份制格式，示例参照《社会学研究》。

来稿以不超过 25000 字为宜，请通过电子邮件投稿，并注明联系电话。

请勿一稿多投。来稿 3 个月之后若未收到录用或退稿通知，请自行处理。本集刊不收取版面费。来稿一经采用即奉当期刊物两册。

三 本轮征稿截稿时间：2025 年 11 月 30 日。

四 投稿方式

请将稿件以"《社会政策评论》投稿+单位+第一作者姓名"命名，发送至邮箱：socialpolicy@ cass. org. cn。

五 其他说明

本集刊收录稿件将全文收入集刊数据库，并择优推荐《中国社会科学文摘》、人大《复印报刊资料》等转载或选摘。

本集刊特别鼓励青年学者及博士、硕士研究生投稿，来稿将获得资深评议老师给予的详细修改意见。本集刊将针对硕博研究生设置集刊年度新秀论文评选。

《社会政策评论》将不定期推出调查研究板块和书评板块，欢迎有创新、有深度的优秀调查报告和书评文章投稿，具体字数不做要求。

《社会政策评论》编委会

2025 年 5 月

图书在版编目（CIP）数据

社会政策评论 . 2025 年 . 第 1 辑：总第 8 辑：数字化
转型与福利服务供给／王春光，赵德余主编；张文博，
王晶执行主编 . -- 北京：社会科学文献出版社，2025.
5. -- ISBN 978-7-5228-5329-1

Ⅰ. C916-53

中国国家版本馆 CIP 数据核字第 2025XV0314 号

社会政策评论 2025 年第 1 辑（总第 8 辑）
数字化转型与福利服务供给

主　　编／王春光　赵德余
执行主编／张文博　王　晶

出 版 人／冀祥德
责任编辑／孟宁宁
责任印制／岳　阳

出　　版／社会科学文献出版社·群学分社（010）59367002
　　　　　　地址：北京市北三环中路甲 29 号院华龙大厦　邮编：100029
　　　　　　网址：www.ssap.com.cn
发　　行／社会科学文献出版社（010）59367028
印　　装／三河市龙林印务有限公司

规　　格／开　本：787mm×1092mm　1/16
　　　　　　印　张：12.5　字　数：192 千字
版　　次／2025 年 5 月第 1 版　2025 年 5 月第 1 次印刷
书　　号／ISBN 978-7-5228-5329-1
定　　价／89.00 元

读者服务电话：4008918866